JN302033

介護福祉経営士 実行力テキストシリーズ ⑩

成功する「差別化・情報」戦略
ブランディングによる人の集め方・活かし方

辻川泰史
株式会社エイチエル
株式会社はっぴーライフ
代表取締役

JMP
日本医療企画

はじめに

　介護事業は少子超高齢社会の進展に伴い、他業種からの参入も多くなっています。保険制度の事業ですので運営規定、報酬は同一です。介護事業所間の競争の激化により、利用者の確保と介護職員の確保という問題がより顕著になってきます。料金や大幅なサービスでの差別化はしづらい、またはできないという現状があります。限られた売上で、限られた人員で、差別化をしていく必要があります。

　ブランドというと高価なモノ、というような派手なイメージをもたれる場合が多いと言えます。

　私のこれまでの経験に基づけば、介護事業所のブランドにおいて大切なことは「地域の信頼」「職員の安心」が得られることだと感じています。

　正直にお伝えしますと、介護事業所のブランディングの本を書くという依頼があった際に、私が著者でよいのだろうか？　という疑問がありました。なぜなら、私自身がブランドなのか？　という不安からです。東京の武蔵野市、三鷹市、小金井市でデイサービスと訪問介護、居宅介護支援を経営している規模的には珍しいとは言えない介護事業経営者です。ただ、編集の方と打ち合わせをした際に、私の取り組みや実績が他の介護事業所にとってのブランディングの一助になるではないか？　と感じました。

　これまでの私の実績と取り組みの一部をお伝えします。著書6冊、全国でセミナー開催、行政へのコンサルティング（岩手県介護人材確保事業コンサルティング、2013年4月〜2014年3月）、求人応募者数300人、『朝まで生テレビ』等のテレビ番組出演、BSフジ『介護ビジネス最前線』の企画出演など、介護職出身で中小企業の経営者である私の実績は珍しいかもしれません。

　では、こうした実績を得るために、綿密かつ緻密な計画を練ってきたのかという質問を受けることがあります。そうした計画を行ってきたことはありません。課題、問題点にぶつかったときに、その都度、改善方法を模索し他社や他業種の取り組みを勉強し自分流にアレンジすることを積み重ねてきた結果です。本書を執筆するにあたり、私のこれまでの取り組みや実績のプロセスを棚卸し書籍化することで、読者の方のブランド構築の一助になればと感じました。

CONTENTS

はじめに

第1章 介護事業所のブランディング
──ブランディングを理解する

1 なぜ、介護事業所にブランディングが必要なのか？ *8*
2 介護事業所の差別化とは？ *11*
3 介護事業所のブランディングを考える *13*
4 ブランド構築のための"3つの軸"とは？ *15*
5 資格──介護業界におけるブランドへの誤解？ *30*

第2章 ブランディング戦略の立て方
──ブランディングを決めるには

1 何か1つに特化する *34*
2 ブランディングに必要なこと *36*
3 情報発信力の重要性 *40*
4 利用者が求めるブランドとは？ *42*
5 利用者が知りたい情報と、事業所が伝えたい情報 *44*

第3章 ブランド情報の発信方法と事例
―― 紙媒体からメディア戦略まで

1 プロモーション戦略　*48*
2 インターネットによる情報発信　*53*
3 成功するホームページづくりのポイント　*58*
4 ブログの活用によるブランド化　*63*
5 POPの作成方法　*69*
6 社内報の活用　*74*
7 メディアに取り上げられる　*78*
8 スタッフにブランディングを浸透させる　*81*

第4章 介護業界外からの視点とヒント
―― ブランド獲得のために今何をすべきか

1 特別対談①──辻川泰史×町　亞聖　*88*
2 特別対談②──辻川泰史×中野善夫　*104*

おわりに

第1章

介護事業所のブランディング
——ブランディングを理解する

1 なぜ、介護事業所にブランディングが必要なのか?

 2000(平成12)年に介護保険制度が施行され、10年以上が過ぎました。
 施行当時に比べると、介護事業所の数も増加しています。介護業界のサービスの質の向上、オリジナリティの追求、革新のためには、介護事業所の増加は必要不可欠です。利用者、ケアマネジャー等の支持を得て成長する事業所、逆に支持を得られずに衰退していく事業所に分かれていくことで、事業所同士の良質な競争につながるからです。
 しかしながら、そこには他業界と異なる介護業界の特性として、大きな問題が存在します。それは、同一サービスであれば、介護報酬と人員配置基準、運営規定などが全国一律だということです。
 簡単に表現すると、さまざまな会社が同じ値段で同じサービスを提供しているということです。
 これでは、介護サービスを必要とする利用者の立場から見て、介護事業所の違いや特長はわかりにくくなります。
 違いといえば、法人種別(社会福祉法人、株式会社、NPO等)や建物の外観などくらいのものです。
 そうなると、担当のケアマネジャーに勧められたから、知り合いが利用していたから、家の近くだから、ということがサービスを選択する基準の中心になります。
 こうした面でサービスが選択されることを一概に否定するものではありませんが、これからの介護業界では選択される理由としては不十分になることが考えられます。

介護経営コンサルタントである小濱道博先生はセミナーや寄稿記事などで「介護業界のコンビニ化」ということを述べています。

この「介護業界のコンビニ化」を定義すると、次の2つに分けられます。

1．事業所の数＝大手コンビニの数と介護事業所（特にデイサービス）の数が同等
2．全国どこでも同じ商品が同じ値段で買える

たしかに、コンビニのように食材や物品の販売であれば全国どこでも同じ値段で同じ商品が買えるのは便利なことです。しかし、介護サービスは「人」が「人」にサービスを提供する対人援助のサービスです。当然、地域性や事業所の特性、そして事業所の理念、方向性によって利用者との相性も変わってきます。

同じサービスであっても事業所によって、特色やこだわり、理念、方向性には大きな違いがあるはずです。

加えて、介護業界の問題の1つに情報発信不足があります。

事業所の情報を得たくても得にくい状況があります。良質なサービスを提供しているにもかかわらず、そのサービスの情報が利用者の元へ届いていないということも少なくありません。

他事業所との大きな違いを自社の特色として磨き、発信し伝えていくことがブランディングになります。ブランディングは、サービスを必要としている利用者へ情報を届けること、そして経営において、他社との差別化を図るものであり、運営していく上で必要となるものです（**図表1-1-1**）。

【図表1-1-1】差別化のための方法

```
       介護業界は
           ↓
     疑似業界（市場）
           ↓
┌─────────────────────────────────┐
│  同じルール（制度、基準）              │
│  同じフィールド（介護保険法）でサービスを提供する │
└─────────────────────────────────┘
           ↓
┌─────────────────────────────────┐
│   独自性を磨くことによって勝ち残る！       │
│                                 │
│   そのためには自社の情報を発信し         │
│   自社のブランド力のUPが必要です         │
│                                 │
│   利用者から見ると介護事務所はどこも同じ    │
│       特色を持つことが大事です！        │
└─────────────────────────────────┘
```

2 介護事業所の差別化とは？

　介護保険事業を行う上では当然ですが、法令厳守が必須であり、利用者に喜ばれる、地域のためになるからといって、制度で禁止されていることを行うことが差別化ではありません。あくまでも介護保険制度の範囲内で創意工夫を行うことが重要になります。
　しかし、介護保険事業は「疑似市場」といっても過言ではありません。なぜなら、同じ制度、同じ報酬、同じ規定の中で運営されることが必要だからです。
　自由にサービスを構築することは、場合によっては不正となってしまうこともあります。そうはいっても、事業所数の増加、利用者のニーズの高まりに応じていくことも求められます。そのなかで差別化し、地域に周知されることが必要です。
　では、差別化とは何か？
　ここで一例を挙げてみます。某県のある蕎麦屋の事例です。
　その蕎麦屋は山中にあり、決して便利とはいえない場所にあります。そうした立地条件にもかかわらず、地元だけでなく、休日には他県からもお客様が来店し、長い行列ができることも少なくありません。
　蕎麦屋の店主は一流ホテルのシェフや有名料亭の板長といった業界で有名な人だったわけではありません。定年後に趣味が高じて始めた店です。
　なぜ、こんなに人気があるのか。
　当然、「おいしい」からですが、味だけでは交通の便が悪い中、長い行列ができることも、他県からもわざわざ足を運ぶ人もそう多

くはないでしょう。

「おいしい」ということが"知られている"——ということが簡単なようで重要となります。実力があるにもかかわらず、意外と知られていないで苦戦している店が数多くあるのです。

要はおいしいこととこだわり、他店にはないものがきちんと"知られている"かどうかです。この蕎麦屋ではこの地方でしか取れない辛味大根と国産の稀少性のあるそば粉を使用していました。ほかとは違うということが広く知られて、はじめて差別化になります。

介護事業所で見た場合はどうでしょうか。

「自社ではここまでこだわった研修を行っている」、「こういったレクリエーションを開発した」、「機能訓練に特化している」——など事業所個々の特性があります。

あなたの事業所にも他の事業所にはない違い、すなわち差別化があるはずです。自社で差別化していることを、周知し認知してもらうこと、そしてそのことを支持してもらうことが、介護事業所の差別化になります。

【図表1-2-1】田舎の蕎麦屋

山奥にもかかわらず行列のできる蕎麦屋があります。
もちろん、味がよいことは言うまでもありません！

大切なのは、おいしいということが広く知られているということです！

3 介護事業所のブランディングを考える

　介護事業所のブランド化を考えると、いまひとつ理解しにくいものです。前述したとおり、介護保険事業において、極端な発想のサービスや取り組みを行おうとすると、介護保険の規定から逸脱してしまうことがあります。

　サービス費用の割引やサービス内容の大きな変更などを行うことはできません。あくまでも介護保険の制度内、居宅サービス計画書に基づく必要があります。

　そうはいっても、事業所の増加に伴い、介護事業所の運営においてブランド化という概念をもつことが必要になります。

　他の業界を見てみると、同じような商品を販売している店では、独自の特色を構築し、発信し、認知され、支持されているという点でブランドとして確立しています。

　たとえばUNIQLO（ユニクロ）です。

　UNIQLOといえばフリースのジャケットが大ヒットしたことは多くの人の記憶にあると思います。このフリースは何もUNIQLOの独自商品ではなく、他のアウトドアブランドでも販売しています。しかし、フリースジャケットといえばUNIQLOというイメージをもつ人が多くいます。

　低価格でカラーバリエーションやサイズも豊富であり、老若男女を問わず支持されました。フリースジャケットを目当てに来店したお客様に、他の商品も同時に購入してもらうことで売上も上がります。「この店の〇〇」という商品の軸、顔となる看板商品をもつことが大きなブランドとなることを立証しています。

しかし、介護事業は人が人に介護というサービスを提供する仕事です。UNIQLOのように商品を開発し、流通させる事業ではありません。"差別化"といっても現実的には難しい部分もあるでしょう。

　それでも、このUNIQLOのフリースジャケットのように「あそこの事業所といえば○○だ」と地域のケアマネジャーに認知され、支持される特色をサービス等で構築することが、競争激化のこれからの介護業界において必要不可欠になるのです（**図表1-3-1**）。

【図表1-3-1】特色をサービス等で構築する

4 ブランド構築のための"3つの軸"とは?

　介護事業所のブランドを構築するための軸になるものは大きく分けて3つになります。「人」、「会社」、「サービス」です。

(1)「人」をブランド化する——パーソナルブランド

　介護事業所の「人」である経営者や、職員の個性を伸ばし、発信し、ブランド化することを「パーソナルブランド」といいます。「パーソナルブランディング」とも呼ばれます。本書は、経営者やコンサルタントの方が多く読まれると思います。経営者自らがブランドになるということに抵抗や照れがある方もいらっしゃるのではないでしょうか。しかし、介護事業所の人にスポットを当ててブランド化する上では、経営者自らがブランドになることは必要な要素でもあります。

　経営者のブランド化についてわかりやすく説明しますと、たとえば、頑固親父が店主のラーメン店をイメージしてください。

　テレビなどで有名なラーメン店の店主は個性があり、認知されています。ラーメンの味もさることながら、その店主に会いたいから来店するというお客様もいます。この店主の多くに共通していることは、強烈なまでの「こだわり」です。

　味はもちろんのこと、店内の装飾、接客姿勢など、自分に合った「こだわり」を前面に出しています。決して接客などの物言いが親切ではないと感じられる対応であっても、それが逆に受けて支持されていることもあります。不親切が特色となっていることも少なくあり

ません。自分のスタンスに合った特性を磨くことでお客様の支持層ができ、結果としてブランドとなっているのです。

　パーソナルブランドで大切なことは、"自分らしさ"を磨くことです。はやりそうだからといって、自分の個性に合わないことを行ってもブランドにはなりえません。自分らしさを正しく把握して、自分のキャラクターを打ち出していくことがポイントです。

　私の編著『人が集まる！喜ばれる！　デイサービスのはじめかた・つづけかた』（秀和システム）の中にあるK-1 WORLD MAX 2010の日本チャンピオン、長島☆自演乙☆雄一郎選手との対談は参考になると思いますので、その一部をここで紹介します。K-1はテレビでも放映され、数年前は大晦日にも放映されたほどの人気の高い番組コンテンツでした。長島選手はコスプレで入場するという話題性だけでなく、結果も残している選手です。

　　　　　　　　　＊　　　　＊　　　　＊

辻川：K-1は世界でもメジャーな大会です。そこで、たとえば、K-1に出られるくらいの実力があっても出られなかった選手もいますよね。それは運もあるのかもしれませんが、自分の見せ方も一つのポイントになるのではないかと思います。

長島：はい。やはり、強さだけでのし上がる方もいると思いますが、それはその方のカラーであり、ブランディングなのでしょう。僕の場合は、見せ方も考えていち早くK-1に上がるのがプロの仕事だと思っています。

辻川：一番最初に長島選手の試合をテレビで見たとき、とても驚きました。入場シーン、コスプレで、インタビューのVTRでも職業がコスプレイヤー、格闘技がアルバイトとおっしゃっ

ていて、おもしろいキャラクターだと思いました。以前、長島さんとお話した際に、「強いのは当然。だけど強いだけでは有名になれないし、認知されない。そのために個性を出す」ということをおっしゃっていました。

長島：僕の中で、メジャーになりたいという気持ちが凄くありました。極端にいえば、キックボクサーとして一流であり、強いのは当たり前じゃないですか。それだけでは、テレビに出られたり、自分の存在が認知されるには遅いかな、と感じていました。そこで、コスプレをすることによって、それこそ「格闘技は趣味です」「アルバイトです」といった発言で人の目を一気に引き付けるブランディングをしたんです。

辻川：コスプレを選択したのはなぜですか？

長島：K-1で一番有名な選手は魔裟斗（まさと）選手です。たとえば、魔裟斗選手は日焼けして、ビックマウス、そのようなキャラクターです。でも、自分が仮にそれを真似しても魔裟斗選手の二番煎じですし、もともと僕はオタク気質なのであまり似合わないとも感じました。その中で、自分のキャラクターのブランディングを考えた時に、自分の中にあるものを選びたかった。自分の考えつくものをより大きく見せようと思ったんです。それは何かと考えたら、アニメ好きで、俗にいうオタクということでした。それでアニメの台詞をかじって言ってみたのですが、みんなわかってくれないんです。それならいっそのこと、アニメのコスプレをしてしまえと思ったんですよ。

『人が集まる！喜ばれる！　デイサービスのはじめかた・つづけかた』
（秀和システム）
著者：辻川泰史　小濱道博　福辺節子

*　　　　*　　　　*

K-1に出場する選手の多くはキックボクシング選手です。キックボクシングは大小合わせると数十の団体があり、チャンピオンも多くいます。
　たとえその数十の団体の1つでいくら結果を残したとしても、K-1のプロモーターにその存在を知られ、認められないことには大会に出場することはできません。同じルールで行っていて、実力があっても、認知されていなければチャンスはあまりないのです。キックボクシングの実力だけでなく、自分の個性の発信の仕方も重要な要素になります。
　このことは、介護事業に当てはめて考えてみても参考になります。どんなに素晴らしい介護サービスを提供していても、それがサービスを選択する利用者や担当ケアマネジャーに知られていなければ、事業性で見た場合の結果には結びつきません。
　自分の個性を磨き発信することが大事です。
　長島選手の言葉にあるように、「自分の中にあるものを選ぶ」ということが、パーソナルブランド構築の大きなヒントになります。

（2）「会社」をブランド化する——コーポレートブランド

　会社自体をブランドとしていくことも大切です。「コーポレートブランド」とも呼ばれています。
　ブランドは、すなわち信頼・信用です。
　自社の特色を磨き、周知し認知され、支持されるためのブランディング活動は、介護業界においてはパーソナルブランドよりもコーポレートブランドのブランド構築のほうが重要な要素が多くあります。
　なぜなら、介護事業は人が主体の事業だからです。パーソナルブランドに特化しすぎてしまうと、人に頼る運営になってしまうこと

が考えられます。場合によっては、その個人ブランドの対象者が退職や体調不良など、何らかの理由により不在になってしまう可能性もあります。

これは大きなデメリットにもなります。コーポレートブランドは、会社としての方向性や特色自体をブランド化します。人ありきのパーソナルブランディングよりリスクを少なくでき、メリットが大きいことが多くあります。

では、コーポレートブランドにはどのようなメリットがあり、どのように構築すべきなのでしょうか。コーポレートブランドは「理念」、「歴史」に基づき構築していくことが大切です。

その事業所らしさや個性を伝えていくことは、「職員」や「利用者」にとって大きな意味があります。職員へ「その事業所らしさ」を認識してもらうことは、求心力を増すこと、そして事業所の目指すべき方向性や使命観の一致につながります。結果として、帰属意識、愛社精神を高めることにつながります。

同時に「その事業所らしさ」に共感してもらうことは、事業所が求める職員の採用などにつながります。利用者だけでなく求職者も介護事業所の情報を求めています。

しかし、多くの介護事業所では、いまだにありきたりな理念や想いしか発信していないということが少なくありません。

そのような状況のなかで、コーポレートブランドとして認知されることは人材確保の戦略としても大きな差別化となります。

また、利用者に対してはサービスのイメージと信頼が増し、選択される動機が高まるとともに、知人への紹介などの効果が得られます。

さらに、コーポレートブランドの構築のためにはコーポレートメッセージをもつことも必要になります。

「ココロも満タンに」という言葉を聞いて何を思い出すでしょうか。コスモ石油を思い出すのではないでしょうか。ここで、コスモ石油のナレーションを紹介します。
　「石油には、石油のできること。そして、今、コスモ石油にできること。
　安全に安定してエネルギーをお届けし、そしてなによりも安心していただくこと。
　今だからこそ、今まで以上にコスモ石油は全力を注いでいきます」
　法人として大切にしている理念を言葉としてわかりやすく伝えることが、コーポレートメッセージの目的です。それが法人としてのイメージとなります。
　参考までにコスモステーションのWebに掲載されている文章を紹介します（http://www.cosmo-oil.co.jp/ss/mantan/）。

コスモステーションでは、お客様の"ココロも満タンに"を実現するために、3つの約束を「お客様との約束」としています。
約束1　心地良さ→クリンナップの行き届いた店舗で笑顔と挨拶で対応します
約束2　安心感→品質の確かな商品とサービスを提供します。
約束3　信頼感→お客様からの質問に対し、責任を持ってお答えします。

　とても洗練された文章です。CM等の広告も行うことで顧客だけでなく、職員への周知にもなっています。しかし、中小企業の多い介護業界でコーポレートメッセージを作って発信しても、大手企業のようなブランド力UPにはなかなかつながりません。
　どうしても大手企業のコーポレートメッセージが目につきますが、

地域密着型事業所の多い介護事業所の場合は、その土地に合ったコーポレートメッセージにすることがポイントです。

もう1つ、有名なコーポレートメッセージを紹介します。

「お口の恋人……」

そうです「お口の恋人ロッテ」です。

このメッセージに感銘を受け、参考にして介護事業所が同じようなコーポレートメッセージを作ったとします。「ケアのお供は△△事業所」「心の〇〇事業所」のような感じになると思います。イメージは伝わるかもしれませんが、全国的なお菓子メーカーであるロッテのようにはうまくマッチせず、しっくりしないせいで認知されずに浸透しないことも多いでしょう。

中小の介護事業所の場合、残念ながら自分たちが思っている以上に知られていないことが多いのです。まずは自分たちの得意分野、方向性、理念をシンプルに伝えていくことが、介護事業所のコーポレートメッセージには必要です。

そのことにより利用者やケアマネジャーから「この辺にも介護事業所があったけど、ここはこういった違いがあるのか？」と認知されることにつながります。

（3）「サービス」をブランド化する

介護サービスをブランド化する場合は、「介護技術等を工夫すること」、「施設などのハード面にこだわること」などが重要になります。

❶介護技術等を工夫する

介護の業界も日々、研究がなされています。そのなかで認知症の

人に特化した対応方法や、麻痺のある人へ負担なく行う新しい介助法などが開発・発表されていることもあります。

介護技術面で新たな取り組みを行い、自社の特色としてブランド化することも不可能ではありません。

たとえば、理学療法士で介護福祉士でもある岡田慎一郎氏のように自らの実践から古武術の身体運用を参考に「古武術介護」等のメソッドを作り、事業所のブランドとして確立するというイメージです。このような場合には、ライセンス契約などを締結できる場合は行い、自社のブランドとして研鑽し、発信していくことが可能です。しかし、こういった自社の技術をブランド化することは簡単なことではありません。

そのほかに、サービスのブランドとして、以下のような工夫もブランドになる可能性が高いといえます。

1）ユニフォームにこだわる

介護事業所のユニフォームを考えると、どこの事業所も画一的であり、印象に残ることは少ないのが現状です。また、ユニフォームすら用意していないという事業所もあります。

ユニフォームはイメージを強くするものです。奇抜すぎては逆効果ですが、人目につき、関心をもたれることは必要です。

たとえば、カフェ風のショートエプロンにバンダナというユニフォームを取り入れたとします。介護事業所では変わっているので印象に残り、利用者やケアマネジャーは関心をもちます。

その際に「特に意味はありません」というのではブランドにはなりません。

「当事業所では、利用者様に喫茶店で寛（くつろ）いでいるような空間を提供したいと考えています。そのためにこのユニフォームにしまし

た」というように、事業所の理念、方向性というストーリーに基づいた導入が大切です。

2）ネーミングにこだわる

　身体の残存機能を生かした介護方法で、介護者も利用者も負担の少ない介護技術を行っている事業所や講師の方は多くいます。
　しかし、そういったプロの技術が伝えきれていないことは、発信方法のほかにわかりにくいという問題も少なからずあります。
　古武術介護にしてもそうですが、周知・認知してもらうためには、「わかりやすい」、「興味深い」、「面白い」と感じさせるネーミングが必要です。
　このネーミングは、介護技術だけではなく、イベント時や日常行っているプログラムに関しても同様です。
　認知症高齢者を対象にしたお菓子作り教室の「スイーツレク」というものを提案している、福祉介護ジャーナリストの代居真知子（よすえ）さんという方がいます。スイーツレクとは、食事で栄養をとるだけでなく、スイーツからも栄養をとることで食への楽しみも増すという考え方です。
　たとえば、施設で行うプログラムとして「おやつ作り」があります。
　そのプログラムを「スイーツレク」というネーミングにするだけで、印象は変わります。ただし、ネーミングだけにこだわるのではなく、その質も高めていかないと逆効果になります。
　そして先にもお伝えしたように、著作権やライセンスなどを重視し活用することが大切です。

3）ハード面にこだわる

　施設などのハード面にこだわることもブランド化には有効です。

法人のサービスのコンセプトを建物の外観や内外の装飾に表すことは、見る人にわかりやすく、目立ちます。

当社の例を紹介します。現在は本社機能と統合し移転したのですが、以前には沖縄風デイサービスというのを東京都武蔵野市で運営していました。

【図表1-4-1】沖縄風デイサービスの外観

その事業所は地域でも目立ち、見学者も多く評判になりました。

なぜ、沖縄風にしたのか？

沖縄料理店にスタッフと会食に行った際に、「こういった東京にいながらリゾート気分を味わえるような環境で利用者様に寛いでいただきたい」という話になりました。

外食イベント等を行うには介護保険制度の制約もあり、飲食店は入り口が狭く、バリアフリーにもなっていないことが多く、利用者を連れて行くことはできません。

「それならば、自社で沖縄風をコンセプトにしたデイサービスを行おう！」ということで開業しました。

沖縄風の外観に合うように、音楽は沖縄音楽、朝の挨拶も「めんそーれー」というようにする、ユニフォームもかりゆしウェアにす

るなど徹底してこだわりました。同時にプログラムもハイサイ喫茶、サンシン体操等、ネーミングにも工夫を重ねました。東京という地域性もあり、利用者の出身地域は全国に渡ります。沖縄出身の人の利用も増えました。

　外観やユニフォームを揃えることだけに工夫をこらしブランド化するということは難しく、ブランドとして認知されるには不十分です。そういったハード面は、費用等を投資すれば誰でも作れます。

　大切なことは、その事業所のコンセプトがなぜそうなったのか、という意味と目的をストーリーとして発信することであり、そこから外観やユニフォーム、プログラムの認知と支持が広がるのです。

2 信頼をより強くする

　ブランドとは、信頼、信用、独自性ということを前述しましたが、信頼をより強くするためには「推薦」してもらう、お墨付きをもらう、ということも大きなポイントになります。

　その推薦者は、できれば権威のある人がよいでしょう。エステ等で○○博士推薦、○○研究所と共同開発、プロアスリートの○○も愛用など、他者からの推薦は大きな信用を得ます。介護事業所でも、レクリエーションや介助法等に○○介護短期大学教授や○○先生監修などの推薦があると、信用が高まります。

　そうはいっても権威のある人や有名な人から簡単に推薦をもらえるものではありません。場合によっては、監修費のようなコストが生じることもあります。

　ただ、本当によいものであれば自信をもって相談することもでき、推薦する側にとってもメリットになります。

　よく失敗するのが、推薦だけもらおうという一方的な依頼による相談です。「当たって砕けろ！」的な依頼は、依頼する側からする

と思い切った行動ですが、当たられたほうは迷惑な場合もあります。また、権威のある人にはそういった推薦の相談や依頼が多くあります。もし自分が推薦する立場で相談された際には、どういう判断基準をもつだろうか、どのような相談方法だと聞く耳をもつだろうか、こうした視点で考える必要があるでしょう。

　判断基準には、役に立つもの、斬新なもの、使いやすいものなど、さまざまな要素があります。その推薦してほしい人の立場を理解し、その人のメリットになるような提案をしていくことが大切な姿勢です。同時に自分自身の話し方、聞き方など、誠意ある姿勢で臨むことが必要です。

　また、権威のある人からだけでなく実際の利用者からの推薦も大きな信頼につながります。サプリメントやフィットネス商品等の紹介などでは、実際の利用者の声が活用されています。そういった声は利用者と同じ目線の感想なので共感を生みやすいといえます。

(4) 何のためにブランド化するのか？

- 出演番組＝朝まで生テレビ（テレビ朝日）、みのもんたのサタデーずばッと（TBS）、おはよう日本（NHK）等
- 企画番組＝BSフジ「介護ビジネス最前線」
- 取材関係＝朝日新聞、日本経済新聞、読売新聞等多数
- 著書＝5冊
- 対談者＝猪瀬直樹氏（前東京都知事）、田原総一郎氏（ジャーナリスト）、中条高徳氏（アサヒビール名誉顧問）、K-1チャンピオン長島☆自演乙☆雄一郎選手、大学教授多数等
- プロジェクト＝岩手県の介護業界活性化のプロジェクト委託
- 年齢36歳、介護職出身、社会に出て介護業界一筋

恐縮ですが、私の活動歴と実績です。今回、本書を執筆するにあたっても私が書くべきなのかどうか、正直悩みました。

私自身ではブランドということを意識してはいませんでしたが、私に対し介護業界の事業家としてのブランドということで評価をしてくださる人も少なからずいます。

私のブランディング方法を知りたいという相談をよく受けます。そうした場合、私の取り組んできたことが誰かの役に立ち、貢献できるのであればと考え、私自身のブランディングを経験談として紹介します。しかし、私自身はブランディングということを意識したことはあまりないのが実情です。

私が事業を経営する上で行ってきたことは、責任を果たしたいという想いで情報発信をし続けたことです。その責任は自分の使命として３つの軸をもつようにしました。

1. 自社の利用者様、家族様への責任
2. 自社のスタッフ、スタッフ家族への責任
3. 介護業界の若い世代への責任

その使命を果たすため、どうしていけばよいかを考えて、行動して、実践してきた結果が、今の自分のブランドとなったと考えます。

◼️自社の利用者やスタッフ、その家族に関しての責任

介護事業を行うにあたり、自分の大切な両親、夫や妻、祖父母などが利用している介護事業所のことは気になるものです。どんなスタッフがいるのだろうか、どんな活動を行っているのだろうか、そして経営者はどんな人か――そういったことに関心をもつことは当然のことです。

そこで、私はこんな考えで事業所経営をしており、こんな人物で

す、という想いを社内報やブログ等で発信しました。これは利用者だけでなく、スタッフの家族に対しても同様に大切なことだと感じます。

❷介護業界の若い世代に関しての責任

　私自身は高校卒業後に介護福祉系の専門学校に入学して2年間通い、卒業しました。

　しかし、いざ実際に新卒として現場に行くと、介護系の専門学校や短大を出ていても、そのことはあまり評価されないという現実がありました。

　なぜなら、介護という対人援助サービスの仕事は資格があれば誰でもできるというものではなく、実際の現場経験や人生経験が必要だからです。

　そうはいっても、2年間それなりに勉強をし200万円以上の学費を投資してきたことを考えるとショックであり、自分の選択が間違っていたのではないか、と考えてしまうこともありました。こういった感情は私だけではなく、同級生や同じように介護系の学校を卒業した人も多く感じていたことでした。

　そうした職場環境もあり、現在でも新卒で入社し4、5年もすると介護業界から去ってしまっている人が多いという事実があります。

　また、介護系の学校の卒業生だけでなく、若い世代で介護職を志して挫折した人の多くが介護の仕事は好きだけれど、給与面等における将来への不安という問題もあります。

　私自身は周囲のサポートや行動の結果、それなりに仕事を継続していくことができました。そのようななかで、私の立ち位置くらいであれば誰でもなれる可能性がある、そういった介護事業の経営者という選択肢もあるということを小さいながらに発信する責任があ

ると感じました。
　そのことで、わずかでも介護業界から若い世代が離れずに済むと信じて自分の使命としたのです。
　経営者自身がブランドとなり、信頼を得るためには、経営者のエゴで有名になりたい、タレント経営者のようになりたいという動機では上手くいかないことが多いのではないでしょうか。何のために自分がブランドとなるのか、という軸をもつことが重要なのです。

5 資格——介護業界におけるブランドへの誤解?

　介護業界というか、介護職の多くが感じるブランドのイメージは何か？　そして目指しているものは何か？　と考えると、「資格」というものがあります。

　介護福祉士、社会福祉士、ケアマネジャー等の資格は経験年数が必要であったり、試験が難関であったりします。そうした資格を取得し、自分の能力を向上させることは大切です。

　たとえば、無資格で介護業界に入り、実務経験３年を経て介護福祉士の資格を取得し、その後、２年の経験を経てケアマネジャーの資格を得、さらに認知症に特化した資格を取得していくという意識の高い人もいます。しかし、業務が増える一方で、給与などが資格取得に費やした時間や費用、経験に見合ったものでないと感じ、モチベーションが下がってしまうということもあります。

　こうしたことが少なからずある原因の１つに、介護職が専門職であるということがあります。同時に、介護事業所の人員配置基準の資格要件という運営規定の影響もあります。

　「資格・経験年数＝ブランド⇔評価」という考えは当然のことです。そうした介護に関する知識や経験、技術は、介護職員の重要な評価基準となります。しかし、資格や経験のみの職員評価というものが中心になっているために、正当な評価や人材の育成に苦戦しているという現状もあります。

　介護事業の経営者も現場の介護職員も、資格や経験を積んでいるということだけに評価基準を特化してしまっているという現状は、介護事業所自体の革新にはつながりにくいものです。

資格、経験にプラスアルファのスキルを持つこと、そして介護知識、技術以外の視野を広げることが成長につながります。
　たとえば、「介護福祉士＋フラワーコーディネター」の資格を持ち、施設を季節の花で彩り、利用者も職員も快適に過ごせる環境をつくり、花言葉も添えることができる、などといったバイタリティー、人間の幅のようなものをスタッフが広げていける指導、教育を行うことでスタッフ個々の個性が育まれて、やがてそれがその介護事業所自体のブランドとなります。
　介護事業は人（介護職員）が人（利用者）に介護というサービスを提供する対人援助サービスです。スタッフの個性を評価するという姿勢も取り入れていくべきです。

第2章

ブランディング戦略の立て方
──ブランディングを決めるには

1 　何か1つに特化する

　介護事業所のサービスの内容によって、特化するサービスの項目は違ってきます。
　少し視点を変えて、和菓子屋を例にして考えてみます。
　次のAとBの2つの和菓子屋では、どちらのほうがブランドとなる可能性が高いでしょうか。

　　A店　どら焼き、羊羹（ようかん）、最中、おはぎ、栗饅頭など、たくさんの商品アイテムを取り揃えており、そのすべてが平均的においしい
　　B店　栗を使用した和菓子に特化している。特に饅頭が有名

　Aの和菓子屋は、それなりに固定客はつきます。しかし、これといった特筆すべき目玉商品となるものがなく、インパクトに欠けます。顧客の立場からは特別感を感じることはありません。
　Bの和菓子屋はブランドになる可能性が高いといえます。栗饅頭に特化し、栗の産地にもこだわりをもち、その栗との出会いのストーリーや稀少性をアピールし、生産者の人柄、生産への想い等も合わせて伝えていくことで、B和菓子屋といえば「栗饅頭」というイメージが固まり、やがて魅力的なブランドになります。
　介護事業に話を戻して考えてみると、どうでしょうか。
　たとえば、デイサービス事業の場合、「当デイサービスでは、入浴、食事、レクリエーション、機能訓練、イベント等を行っております」という伝達方法では、他の事業所との違いを表すことは難しいとい

えます。

　それよりも「当デイサービスは入浴に力を入れております。ヒノキ風呂で、○○温泉の湯を使用しております」と伝えるほうがインパクトがあります。重要なことは、なぜ入浴に力を入れているのか、というストーリーや動機を合わせて伝えることであり、それにより利用者の共感を呼ぶのです。

　たとえば、どのようなストーリー、動機になるかというと、「私（経営者）の祖父は大変温泉が好きで、休日になるたびに温泉に行くほどでした。私もよく一緒に温泉に行ったものです。祖父は夏休みに私を含め孫たちと長野県の温泉に行ったときのことを思い出してはよく話をしていました。その祖父も高齢となり○年前に他界しました。亡くなる前に入院していたのですが、私がお見舞いに行くと、『あのヒノキ風呂の温泉、よかったね、また行きたい』と言っておりました。ヒノキ風呂で香りも良く、孫と一緒に入ったことがよほど嬉しかったのだと思います。私がこの○○事業所を開設する際に、お風呂はどうしようか、ということに悩みました。そのとき、祖父の好きだったヒノキ風呂のことが頭をよぎりました。祖父がもう1度入りたかったヒノキ風呂。きっと祖父以外にも好きな方は多くいる。しかし、高齢になり介護が必要になり、諦めている方もいるはず。きっと喜んでいただける。そう思い、お風呂にはこだわってヒノキ風呂にしたのです。そしてお湯にもこだわり、月に2度、○○温泉にお湯を買いに行き使用しております」というような感じになります。

　このこだわりは会社の理念、設立動機に基づいているからこそ、利用者の共感を生むのです。ブランディングは理念に基づくことでブランドになるということです。○○がはやりそうだから、受けそうだからではブランドにはなりえません。

2 ブランディングに必要なこと

(1) サービス（商品）

　同業のサービスを行う他の事業所の特性を調査することは重要です。競合となる事業所の特色、強みを把握し、自社の特性を分析し長所となるように高め、差別化し発信します。

　すでに自社のサービスに自信と実績と信頼をもっている事業所の場合は、その強みの伝達方法や見せ方がポイントであり、よりわかりやすく伝えるためにネーミング等を工夫することで強みが増します。

　注意点として、自社のサービスに「こだわる」ことは大切ですが、その一方で「こだわる」ことが逆に何か阻害要因になっているのではないか、と考えることも必要です。

　時間をかけ、想いもかけ、確立してきた独自のサービスには「こだわり」という思い入れが強くなります。しかし、違う視点で見るために一歩下がって客観的に見ることも必要です。

　「こだわり」が自社のブランドの構築の阻害要因になっている場合、サービスの質を高めること、特色とすることに苦戦していることが多く、そうしたときに行いがちなのが「はやりのサービス」です。はやりというのは顧客のニーズが高いということです。他の事業所が行っていて好評だから、支持を得ているからという理由のみで飛び付くことは、一時的には上手くいっても長続きはしません。

　なぜなら、真似をすることやアレンジによる工夫を重ねることは大切なことですが、結局は模倣だけだと肝心なそのサービスの本質

を把握していないまま行っているというケースも少なくないからです。と同時に、そのサービスが自社に合っていないということもありえます。

どういうことかというと、各事業所はスタッフの個性、設立趣旨、理念がそれぞれ異なります。サービスを真似をすることはできますが、行う「意義」、「意味」というものを理解して自社に落とし込んでいく（カスタマイズする）ことが必要です。そうなると、自然と同じサービスにはならないはずです。流行のサービスを真似ることだけでなく、自社にあるリソースを探していかにサービス化するかということも必要になります。

（2）スタッフ（チーム）

それでは、自社にあるリソースを高めていくためには具体的にどうすればよいのでしょうか――それはスタッフの個性のなかから見つけ出すということです。

介護事業のサービスには、入浴の介助や機能訓練等の介護的な要素とレクリエーション的な活動要素があります。いずれにしても人（スタッフ）が人（利用者）と接する対人援助サービスです。サービスを仕組み化し、売りとして提供していくにしても、行うのはスタッフである以上スタッフの理解と協力が大きなポイントとなります。

経営者や管理者が革新的で特色あるサービスを考案し行うことを決定したとしても、実際に現場でサービスを提供するスタッフの理解と協力がなければ、事業所自体のブランド構築は困難です。

当然ですが、人には得意、不得意があります。不得意なものを高めていくことは大事なことですが、向き不向きという性格上の要因もあります。スタッフ一人ひとりに事業所の方向性をしっかりと説

明し、同意を得てサービスを構築しブランド化することが必要です。

(3) 熱意

　そのためには「熱意」、「情熱」が必要になります。特に介護業界の場合、「売上」のために働く人、「売上」を意識して働く人が少ないのが現実です。介護職を志望する動機で多いのが「お年寄りが好き」「過去の自らの介護体験」「役に立ちたい」ということで、献身的な想いが強い人が多いといえます。

　したがって売上を伸ばすため、稼働率を伸ばすためという理由を一番とする「熱意」を求めることは逆効果になります。

　それよりも重要なことは「何のためのブランドなのか」、それが「どういった可能性や貢献を生み出すのか」ということを事業者が「熱意」をもってスタッフ一同に説明し伝えていくことです。その説明の方法は「事業所の使命→スタッフへの想い→業界動向→必要性」という順序で行うとよいでしょう。

・事業所の使命
　→事業所の目指す方向性と利用者へどう貢献していくか。使命や義務や想い。それを体現するための方法

・スタッフへの想い
　→頑張ってくれている仲間のスタッフ全員に、もっと給与面や待遇面で還元したい。そのためには営業意識も必要

・業界動向
　→事業所が増加し「想い」だけの運営では、スタッフの我慢の上に成り立つ経営状態のまま

・必要性
　→スタッフの個性を出し、自社のサービスを必要としている人に

もっと知ってもらいたい。そして支持され信頼される事業所になる。

そのことにより利用者に喜ばれ、貢献できる。同時にスタッフへの還元

こうした理想を目指しているということをスタッフ一人ひとりに伝え、理解してもらうためには熱意が必要です。

（4）利他性

介護業界の人材の特性として、利他性ということが強くあります。次のような例があります。

Aさんというスタッフに昇給、昇格を行う旨を伝えました。当然、他業種であれば喜ぶべきことです。しかし、Aさんは辞退します。

理由を尋ねると、「自信がない」ということではなく、「私だけお給料が上がるのはプレッシャーです」という理由でした。

このほかにも昇格を伝えたら退職の希望を出す、昇給を辞退する、昇給したら元気がなくなる、こういったケースは介護業界においては少なくないのが現状です。

自分だけということに嫌悪感や忌避感を覚えてしまうことが多いのです。ブランドを構築するにしても、自社だけよくなろう、というのではスタッフの同意が得難いこともあります。

そうした場合には、同じブランドを構築するにしても、利用者やスタッフに喜ばれるものにする、同じ介護業界の事業所の人たちにもよい事例となるようにするという利他性も必要になります。

3 情報発信力の重要性

　サービスの質や内容、スタッフ、料理、おやつ作り、入浴設備等に特色をもち、素晴らしい取り組みや想いをもって運営している介護事業所は数多くあります。

　私自身、コンサルタントとしてデイサービスの稼働率の低下の悩み、入居率UPのための取り組み、求職者の確保など、さまざまな経営相談を受けながら多くの介護事業所を見てきました。

　外部の立場のコンサルタントに少なからぬ費用を投じ、自社の課題を改善し向上させようという意識の高い経営者が多いので、その事業所のサービスが悪いわけでは決してありません。

　実際にその事業所を訪問し内部を見ると、「これは素晴らしい！」と感じるサービスを行っていて、また設備等も充実しているというケースが多くあります。

　よいサービスを提供しているのに、経営状況はよくない。これも利用者やケアマネジャー等にあまり「知られていない」というのが原因です。こうしたケースはサービスの改善が急務な状態ではなく、情報の発信と周知を整備することが優先となります。

　では、まったく情報を発信していないのかというとそうではなく、実際に情報の発信は行ってはいます。しかし、見せ方がうまくなかったり、発信力そのものが弱いのです。どんなによいサービスを提供していても、知られなければ経営は成り立ちません。

　先にもお伝えした、蕎麦屋の例を思い出してください（P11参照）。知られてこその差別化でありブランドであって、違いを認識してもらってのブランドです。

厳しい言い方をすれば、情報発信の方法が自己満足になっているということもあります。独自性があり介護サービスでは他社よりも優れているにもかかわらず、自社よりも介護サービスの質が低い事業所のほうが地域に認知されて支持を得て、経営状態がよいということもあります。

　これは本当に残念なことです。改善するためには情報の発信力の強化と伝える方法、コミュニケーション能力の向上が必要になります。そのためには、利用者やケアマネジャーなどが知りたい情報と、事業所側の伝えたい情報は違うということを認識しておくことが必要です（P42参照）。と同時に伝えるタイミング、方法も考えることが大事です。

4 利用者が求めるブランドとは?

　介護業界では、利用者の求めるブランドというものが残念ながら確立されていないのが現状です。要因の1つとして、サービス選択の基準が利用者自身、ケアマネジャーの紹介が中心になっていることが挙げられます。

　また、介護保険制度内の事業であり、スタッフや運営の基準、報酬(料金)が同一ということで違いの認識をしにくいこと、そして本書でも繰り返し述べている介護事業所側の情報発信不足が挙げられます。しかし、将来的には利用者がより厳しい視点で事業者の特性を見てサービスを選択・選別する時代になります。

　私自身が介護業界に入った1998(平成10)年はまだ、「措置」の時代であり介護保険制度の施行前でした。当時、利用者が見学に来ると100％に近い確率で利用につながっていました。こういった見学＝利用という図式は5、6年前までは普通のことでした。

　現在はサービスの種類にもよりますが、高齢者住宅やデイサービスでは見学をいかに利用に結びつけるかが課題の1つとなっています。利用者が求めるブランドの確立の前にまずはサービスの選択肢に入ることも、利用者の求めるブランドの構築の1つです。

　利用者が求めるブランドとは何かを考えるには、自社のサービスを必要としている、自社のサービスに適している利用者の層を絞ることから始める必要があります。

　介護保険事業では要介護1から要介護5までの5つの介護状態に分かれていて、ADL(日常生活動作)等の違いがあります。要介護1から要介護5の利用者の方すべてに全力で接することは大切なこ

とですが、提供するサービスによっては対象者が変わってくることもあります。

たとえば、デイサービスで麻痺のある人へ機能訓練を重視したプログラムを導入している事業所があったとします。そうした場合、社会参加を主たる目的とする軽度の利用者へのプログラムとしては適していないということもあります。

介護保険事業では利用者を選択することは禁止されていますが、自社の特性はどういった層の人に適しているか、ということは積極的に伝えていく必要があります。

そのことにより利用者の選択の基準ができます。

利用者の求めるブランドは、事業所の個性、特性、信頼、実績です。

【図表2-4-1】 自社の特性をどのように伝えるか

項 目	どのように伝えるか？
事業所への安心感	
事業所への信頼感	
提供するサービスの効果	
事業所のスタッフの人柄	
事業所の実績	

5 | 利用者が知りたい情報と、事業所が伝えたい情報

　事業所側の情報というのは一方通行的な発信になってしまいがちです。その理由として介護という事業に関して「想い」というものが中心になっていること、要は自分の介護観を中心にして情報を発信しているということです。

　介護観をもつことは、信念や事業所理念につながる大切なものなので重要です。ただ、その介護観に本来であれば利用者が共感し、提供しているサービスに対してニーズがあるにもかかわらず、メッセージが届かないでいることはもったいないことです。

　利用者の知りたい情報とは何か、事業所の伝えたい情報とは何か、そのニーズとサービスをマッチングさせる確率を高めていくことが情報発信の目的でもあります。

　利用者が知りたいことを把握するために行う方法には、どのようなものがあるでしょうか。アンケートを行う、実際に利用者に質問する、ケアマネジャーに質問する――などがあります。想いが強い、本当によいサービスだと自信があるほど、過度な情報の押しつけになってしまっていることもあります。

　事業所側が伝えたい情報は利用者に本当に必要なのか、ということも考えてみる必要があります。その結果、必要なもの、不必要なものを整理して分けます。利用者に必要な情報をどのような方法で届けるのか。図表2-5-1の表を活用してみてください。

【図表2-5-1】利用者が知りたい情報と事業所が伝えたい情報

利用者が知りたいこと	自社ではどのように伝えるか？

事業所が伝えたい情報	どのような方法で伝えるか？

第3章

ブランド情報の発信方法と事例
──紙媒体からメディア戦略まで

1 プロモーション戦略

　何度か述べてきたように、利用者やケアマネジャーに対する差別化のアピール、外部への営業などを行い、特化したサービスやコンセプトを考案しブランドとして構築することができたとしてもこれだけでは不十分です。

　せっかく、どんなに素晴らしいブランドを構築したとしても、要は支持されなくては利用者の満足度や新規の利用者獲得などにはつながりません。

　たとえば、ダウンジャケットを例に考えてみましょう。2つのメーカーの商品には値段やデザイン等に大きな差はありません。違いは、素材の羽毛の割合です。

　一方は、高級な羽毛を100％使用したダウンジャケット。もう一方は高級な羽毛が70％、ポリエステルが30％程含まれているダウンジャケットです。

　高級羽毛100％のダウンジャケットのほうがよいと判断するのが一般的です。しかし、「何にこだわり、どうよいのか」をしっかり伝えていないと、消費者には届きにくいものです。要は差別化されていることをわかりやすく十分に伝えるか、もしくは口コミなどで知られてはじめて差別化されるかです。

　介護サービスでも同様です。介護サービスの場合は、実際にサービスを利用する利用者が選択するほかに、家族等の近しい人の選択も優先されます。そのため、利用者のケアプランを作成するケアマネジャーを通じてサービスの違い、事業所のブランドとなる特色を把握しておいてもらう取り組みが必要となります。

（1）ケアマネジャーへのアピール方法

　利用者の場合と同様、ケアマネジャーが知りたいことと、事業所側が伝えたいことが一致していない場合が多くあります。そのことをきちんと認識してないとプロモーションの効果は低いものとなります。事業所側としては自社の取り組みを伝えたいと考えるのは当然です。しかし、ケアマネジャーが知りたいことは何かを考えることが重要です。

　ケアマネジャーが知りたいことと同時に、ケアマネジャー自身がまだ気づいていない新しい発見になるようなことを伝えるのがポイントです。

　ケアマネジャー自身の発見というとどのようなことがあるのか。もちろん、ケアマネジャー自身の関心にもよりますが、2点挙げられます。

　1点目は担当する利用者に必要かもしれない、合うかもしれないという、業務上の内容です。たとえば、入浴を希望し、いくつかのデイサービスに見学に行ったけれども、浴槽の問題や異性への羞恥心で入浴拒否がある利用者がいたとします。そういったなかで、ヒノキで作られた浴槽を設置し、個浴、同性介助などを徹底して行っている事業所の存在を知ることは、今まで知らなかった発見になります。

　2点目はケアマネジャーとしての、さらに介護従事者としてのスキルの向上や知識の幅が広がることです。

　たとえば、認知症に関して先進的な対応方法やプログラムがあったとします。こういった効果があり、こういった導入をすることにより、このような効果がある、そして、このようなタイプの利用者に適している可能性がある——ということを事業所が提供している

サービスから学ぶことで新たな発見があり、知識の幅を広げることにつながります。

（2）利用者へのアピール方法

　事業所の特色や地域性の相違があるので、利用者へのアピール方法といっても一概には言い切れません。
　下記の2つの問いを少し考えてください。
1．利用者から見た事業所はどう映るのが一般的でしょうか？
2．利用者が事業所を選択する決め手は何でしょうか？
　そして次に、自社の利用者が、どういった経緯と理由で選択してくれたのかを分析してみてください。
　そのなかに自社のアピールできる"強み"があります。利用者への地域性など関係なく、アピール方法として伝えられることは下記のような方法です。
　・利用者へサービスの内容と成果を伝える取り組みをする
　→利用者と事業所のコミュニケーションはとれているようで、とれていない現状があります。
　どういうことかというと、利用者の中にはコミュニケーションがしっかりととれる人とそうではない人がいます。利用者自身が具体的に、こんなサービスを受けたいと伝えてもらえれば一番よいのですが、そこには大きな期待をもてません。
　多くは家族等がサービスの窓口となっています。その家族にサービスの取り組み等を把握してもらい評価をしてもらわなくてはアピールはしにくくなります。
　一番重要なことは当然、利用者本位であること。それに加えて、どのような表情だったか、日常を過ごしているかなどを文章のほか

に写真を撮るなどして連絡ノートや定期面談時等にお見せすることです。

メラビアンの法則というものがあります。

アメリカの心理学者のアルバート・メラビアンが1971年に提唱した概念であり、人の第一印象は初めて会ったときの3～5秒で決まるというものです。さらに、人はその情報の多くを「視覚情報」から得ているとしています。

メラビアンによれば、初対面の人物を認識する割合は、「見た目・表情・しぐさ・視線等」の視覚情報が55％、「声の質・話す速さ・声の大きさ・口調等」の聴覚情報が38％、「言葉そのものの意味・話の内容等」の言語情報が7％とされています（**図表3-1-1**）。

【図表3-1-1】メラビアンの法則

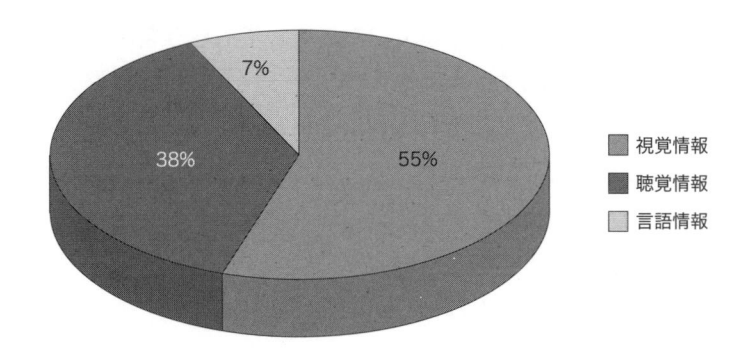

メラビアンの法則から、視覚情報＝写真や動画、聴覚情報＝音声による説明などを利用して工夫をすることで提供しているサービスの93％（55％＋38％）が伝わるということになります。

加えて、それと同時に実際に利用者にサービスを行っている様子を家族に見てもらう機会がもてるとよいでしょう。

■1 口コミを生む取り組みをする

どのようなときに人は口コミをするのでしょうか。

よく言われることですが、それは「感動」したときです。しかし、そう簡単に人に感動してもらうことはできません。

介護事業所の姿勢としては、感動してもらうことを目指し全力で利用者と向き合うという姿勢は必須です。しかし、経営という側面で考えたときに感動とは別に口コミを発生させるということも考えなくてはいけない状況もあります。

利用者への快適で満足なサービス提供を第一に考えながら、戦略的に口コミをしてもらえるような工夫も必要になります。そのためにはシンプルで話題にしやすいようなことを行い、形にすることです。たとえば作品づくりなどのプログラムの工夫です。

■2 デイサービスのプログラムで口コミをしてもらう場合

プログラムで作成する作品を大作にする、あるいは日常に役立つ実用的なものにします。それを利用者自身が持ち帰って使用できる、飾ってもらえるようにします。そうすると、その作品を見た利用者の家族や知人、担当のケアマネジャーなどが、それを話題にし、そこから話が広がります。こういった口コミしやすく、伝えやすくするための戦略的なきっかけ作りが必要になります。

2 インターネットによる情報発信

(1) 情報化社会における介護業界の取り組みの遅れ

　忘年会や新年会などを開催する際、当然のように飲食店の情報をインターネットで検索して探しますよね。旅行も同様で、観光地の情報やホテルなどの情報もインターネットで検索することが多くなっています。ほとんどの情報はインターネット上で得ることができます。情報化社会の到来と言われたのは以前の話であり、今や情報はあって当然、得て当然という時代です。

　しかし、介護業界では、いまだにインターネットを用いた情報発信が遅れています。大きな要因として次の3点があります。

- ●対象となる層が高齢者
- →介護事業所の顧客である利用者の世代は当然、高齢者が中心。高齢者がパソコンや携帯電話、スマートフォンなどを使用して介護事業所の情報を探すということは非常に少ない。
- ●ケアマネジャーの紹介による顧客獲得が中心
- →インターネット上に情報を発信したところで、実際に利用者に事業所を紹介するのはケアマネジャーが中心である。そのため、必要性は大きくない。
- ●介護事業所自体の問題認識不足
- →介護事業所側が情報発信の必要性を理解していない。

（2）なぜインターネットでの情報発信が必要なのか

　ではなぜ、介護事業所はインターネット上でも情報発信をする必要があるのでしょうか？　理由には、事業性の面と使命としての面があります。順に説明しましょう。

◨ 事業性の面
1）求職者の獲得のため
　求職者の世代によっては有効です。また、自社の所在地以外の遠方からも求職者の獲得が可能です。

2）新規利用者の獲得のため
　利用者世代の方からホームページやブログを見て、問い合わせがある可能性は非常に少ないのが現状です。しかし、利用者の家族はインターネットを活用する世代です。家族の方からの問い合わせは今後、増加していくと考えられます（図表3-2-1）。

【図表3-2-1】ホームページ上の利用者の問い合わせ＆スタッフの応募

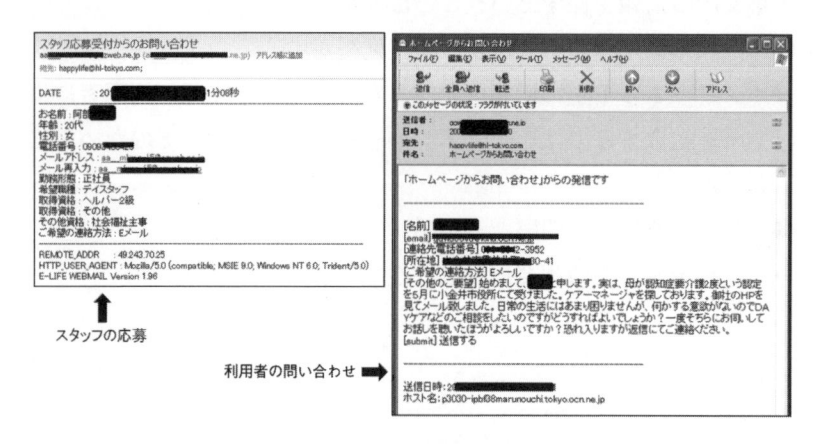

↑
スタッフの応募

利用者の問い合わせ →

❷使命としての面

1）利用者のため

　前述のとおり、利用者自身が事業所の情報をインターネットを活用して知ることは少ないでしょう。しかし、利用者の家族がインターネットを利用をする場合があります。自分の家族、大切な人が利用している介護事業所の情報を知りたいものです。どんなスタッフがいるのか？　どんなサービスをしているのか？　どんな理念をもっているのか？

　介護事業所として利用者家族に向けて情報を発信することは、安心や信頼につながり、結果として利用者のためになります。

2）スタッフのため

　1）と同様、スタッフの家族も、自分の家族の勤める事業所の取り組みを知りたいものです。スタッフの家族の理解を大事にするスタンスも必要です。

3）介護業界のため

　介護業界は俗に「3K」と言われ、介護職を志す若い世代も減ってきています。これは私自身の経験でもあります。私は介護専門学校を16年前に卒業しました。当時は介護福祉学科、社会福祉学科などの学科も多く、生徒も多くいました。しかし、現在はクラス数、学科数も減っています。中には閉校した介護専門学校もあります。これは単に少子高齢化の問題だけではありません。介護業界のイメージの低下も原因です。もちろん、介護業界の問題点も多々あります。しかし、問題点ばかりがクローズアップされ、介護の仕事のやりがいや良い点がフォーカスされることが少ないのが現状です。マスコミ頼りの情報発信ではなく、事業所ごとに行っている取り組

みなどの情報をわずかでもあっても発信することが、イメージの向上につながると感じます。

（3）インターネットの普及に伴う会社防衛としての役割

　インターネットの普及につれて、インターネット上での誹謗中傷サイトも増えているのが現状です。少し考えていただきたいのが、自社の事業所名で検索をして、もしそういったサイトに載っていたらどうしますか？　サイトに削除要請をしても事件性が低く、単なる批判であれば削除してもらえないことが多くあります。

　価値観の相違から退職した職員、同業者などが意図的にそういったサイトに書き込みを行い評判を落とそうとする可能性もゼロではありません。そういったときに、自社で情報を発信していなかったらどうでしょうか？　スタッフや利用者家族が悪意のあるサイトのみでしか情報を得るすべがなかったらどうでしょうか？　これはデメリットが大きくあります。インターネットという誰にでも容易に活用できるものだからこそ、そこから生じる自社への危機意識ももたなければならない時代なのです。以前にそういったサイトに書き込まれ、受験生が激減した予備校もあります。

　現状の介護業界では可能性は低いかもしれませんが、求職者が影響を受ける可能性はないとは言えません。しっかりと自社の取り組みや想いなどを発信していれば、正当に、客観的に評価してもらうことにつながります。

一方通行の情報に対抗する!

(4) 緊急時の情報発信、共有手段としての活用法

　災害時などにおいて、携帯電話経由のネットの接続では、通信速度が低下したり、つながりにくくなるといったケースもあった一方で、「電話やメールはダメだが、ミクシィやツイッターはつながった」といったケースは多かったようです。こうしたことからソーシャルメディアが安否確認などの情報交換で活躍しています。たとえばミクシィでは、利用者のだいたいの最終ログイン時間を表示する機能があるので、「ログインした形跡があれば無事」だという判断ができます。

〔インターネットを緊急時に活用する〕
災害時、緊急時の対応
・携帯電話、固定電話はつながらなくなります。
・電話はつながりませんが、メールの送受信は可能でした。
・職員、職員の家族、利用者、利用者の家族が情報を一元的に得られるよう、また災害時に情報を共有できるよう、普段から周知する必要があります。
・第1避難所、第2避難所を決めておき、事業所から避難する際は、避難する人の氏名を書きます。

3 成功するホームページづくりのポイント

（1）失敗したホームページから気づかされたこと

　求人募集と利用者の獲得のためにはインターネットの利用は必須だと感じ、最初に取り組んだのが、ホームページの制作でした。最初の1年間はただ、ホームページがあればいい！　という認識でした。デザイン、ページの構成、コンセプトなどまったく配慮せず、ただ、自分で制作した！　という程度のホームページでした。そのようなホームページで効果を上げることはできませんでした。

　今にして考えると、趣味でホームページを制作している中学生などよりもクオリティは低かったと思います。そういった状況でしたから、1日のアクセス数は10件にも達しませんでした。

　やはり、素人では無理だと感じ、専門家に依頼してみようと考えました。インターネットで「ホームページ制作」を検索し、近隣のホームページ制作会社に連絡をとりました。

　しかし、打ち合わせではまったく理解できない用語のオンパレードでした。

　ドメイン？ブラウザ？エイチティーエムエル（HTML）？サーバー？タグ？ナビ？

　早くホームページを改善したかったので、制作会社の担当者に言われるがまま、依頼することになりました。インターネットの世界をほとんど知らなかった私にとっては、コストが多くかかるのではないかと、要望を伝えるにも怖さがありました。

　なんとかホームページは完成しました。とてもスタイリッシュな

デザインでした。しかし、請求書を見て驚きました。最初の見積もり時の２倍の請求額！　追加機能、ページ追加に料金がここまでかかるとは思いもしなかったのです。

　それでも、これで人材不足が解決できれば……、利用者獲得も順調になれば……。そう考えれば、安い投資コストです。期待しながら反応を待ちました。１か月、３か月、半年が経ちました。しかし前回同様、反応は皆無です。せっかく高い費用を投じてホームページを作ったのに……。何がよくないのか、どうすればいいのか。自分がすべきことがわからなくなってきました。そうしている間にも時間は過ぎていきます。このまま無駄な時間を過ごしても意味がありません。

　客観的にもう１度考えてみました。気持ちを落ち着かせて、３つのことを自分に問いかけてみました。

　「自分が福祉の仕事を探している立場だったら何を知りたい？」

　「自分が家族の介護が必要となり、地域の福祉サービスについて調べていたら何を知りたい？」

　「自分が勤務している会社のホームページに愛着をもてるとしたら、どんなホームページが必要なのか？」

　再度、考えてみました。客観的な視点で見直してみると、単なる自己満足のホームページでしかなかったのです。

　ホームページを見る人の立場に立って見ると、必要な情報が欠けていることに気づかされました。

　求職者の視点で考えてみました。

　福祉業界では、給与面だけで職場を探している方は多くないように感じます。私自身が就職活動をしているときも、法人の理念、ケアの方針などを確認して、それらに共感できるかどうかで判断していました。

法人からの一方的な情報発信では気持ちが伝わりにくく、気持ちが一歩引いてしまいます。人はどういった環境で働きたくなるのか？　と考えました。自分がそこの場所で働いていることをイメージできたとき、事業所の方針に共感できたときに働きたくなるものだと思いました。

　人が働きたくなる環境は、利用者視点で考えた場合、利用したくなる環境ではないかということに気づいたのです。

　働きたくなる＝利用したくなる
ということに改めて気づいたのです。

　職員に対しても、「あなたが取り組んでくれていることは私達の自慢だから、ホームページに掲載するね！」という気持ちで向き合うと、業務のモチベーションアップにもつながります（『福祉の仕事を人生に活かす！――仕事から「志事」への転換』参照）。

（２）ホームページを構築する場合に重要なこと

　介護事業所のホームページは一般的に求職者向けと利用者向けがあります。誰に向けたホームページなのかを明確にすることが重要なポイントです。そのターゲットが明確でないと、情報の発信方法や内容がぶれてしまいます。

　私自身も多くの介護事業所のホームページ構築に携わり実感していることがあります。それは、求職者向けと利用者向けの両方をターゲットとした構築ではうまくいきにくいということです。原因として、情報が混ざりすぎてしまい、情報量は多いのだけれども、何を伝えたいのか？　ということがわかりにくくなってしまうからです。

　介護事業所として、せっかくホームページを構築していくのであ

れば、求職者にも利用者にも興味を持ってもらいたいと思うのは当然です。しかし、あえて、ターゲットを絞ることをお勧めします。たとえば、泊まってみたいな！　と感じるホテルがあったとします。観光業のホテルで働きたいと思う人は、多くの人が泊まってみたいと感じるホテルに勤めたいと感じるのではないでしょうか？　こういったことは介護業界でも同様です。

　利用したくなる＝勤めたい

　勤めたい＝利用したい

ということは多くの方が感じる感覚です。利用者向けか、求職者向けかを特化することによって自然と事業所の伝えたい情報、個性や想い、取り組みを伝えることができます。

コラム　「ホームページ作りには、スタッフの意見も大切」

　私がホームページを初めて作った当初、アクセス数は1日数件、当然反響はまるでなく、利用者獲得や求人効果に結びつくことはとてもなさそうでした。これではホームページを開いた意味がない、毎月のサーバー代などのコストが無駄になる……と悩んだものです。

　何がいけないんだろう？　漠然と考えてみても当時の私にはわかりませんでした。第三者からの視点も必要かもしれない、とふと思い、自社のスタッフに、素直に意見を聞いてみることにしました。

　すると、「はっきり言ってもいいんですね？　面白くないんですよ！　働くイメージも利用するイメージも持てません」「かっこつけなくていいので、普段の施設内の写真などを載せてみてはどうですか？」などと、さまざまな意見が出てきました。そこまではっきり言うのかとショックを受けた部分もありますが、現場で働くスタッフの言葉からさまざまな気づきがありました。

　経営者が1人でホームページを作成しようとすると、どうしても視野が狭くなりがちです。スタッフの視点には大切なヒントが含まれていることがあるので、小さなプライドは捨て、意見や感想を求めることも大切でしょう。

4 ブログの活用によるブランド化

(1) ブログの活用

　ブログ (Blog) とは何か？　WebをLog (記録する) するWeblogを略したものです。簡単に説明すると、インターネット上の日記、簡易ホームページのようなイメージです。このブログを活用することは非常に有効です。理由として3点あります。

●更新が容易である
→さまざまなブログの種類がありますが、更新方法は簡単です。Wordを使うような形式で行えることがほとんどであり、タイムリーな更新ができます。ホームページの更新だと専門知識や経験が必要な場合もありますが、その点、ブログは簡単にできます(**図表3-4-1**)。

どんなブログがあるのか？

●検索エンジンで検索されやすい
→ブログの記事は、検索エンジンで検索された場合に、上位に表示されやすくなっています。

●無料でできる
→ブログの利用に、基本的に料金はかかりません。

ブログは、コストもかからず、更新も容易、そして伝えたい情報もタイムリーに発信でき、いいことづくめなのです。

【図表3-4-1】ブログはホームページの簡易型

ブログはホームページの簡易型という位置づけで活用する

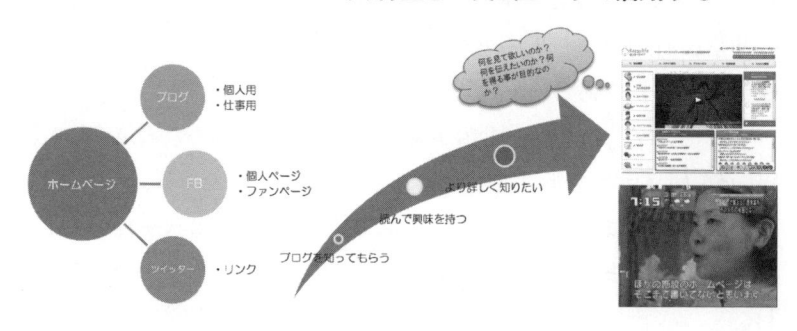

（2）ブログはホームページまでの"導線"

ホームページを制作してもすぐに効果が得られる可能性は高くありません。なぜなら、事業所名を直接、検索サイトに打ち込んで探す人は少ないからです。関連した情報を探しているうちに、いつのまにか事業所のホームページに辿りつく、ということが多くあります。

そのために、検索された際により多くヒットするキーワードが必要です。SEO（検索エンジン最適化）やSEM（検索エンジンマーケティング）といわれるものです（本書はインターネットの専門書ではないので、詳細に説明はしません）。ブログのタイトル、ブログ

の記事内容が検索にヒットすることがあります。ブログは、自社のホームページに誘導するためのものとしての位置づけもあるのです（**図表3-4-2**）。

【図表3-4-2】 ブログから自社のホームページへ誘導

(3) ブログを活用してブランド化する！

　ブログを通してのブランディング方法をご紹介します。

　まず、ブログランキングサイトを活用することです（**図表3-4-3**）。そういったサイトに登録し、そこで、興味をもたれる記事を書き、クリックされていくとランキングが上がります。ブログランキングサイトで上位をとるようになったら、上位になったことをさらに発信していけば、人気のあるブログなんだ！　と認識されます。それを社内報や営業ツールで発信していけば「ブログが人気なんですね！」という職員や利用者への周知につながります。

【図表3-4-3】ブログランキングサイトの活用

(4) ブログの継続の仕方

　ブログを始めたのはいいが続かないというケースは非常に多くあります。週2回は更新しよう！　と意気込んでも、気づくとまったく更新されないという放置状態になっていることも少なくありません。

〔ブログを書き続けるコツ〕
・書くことを楽しむ
・習慣化する
・コメントを励みにする
・ネタ探しをする
・時間的に余裕があるときに下書きをしておく
・誰かに感想をもらう
・書き続けると決意する
・誰かの役に立っていると信じる
・夢が叶うと信じる

　その大きな理由としては、書く内容、ブログのネタがなくなるからです。そういった問題を避けるためには、自分で書くテーマを決めておくことです。そして更新頻度を決めておくこと、さらに更新曜日などによってテーマを決めておくことで習慣化されます。

〔書くテーマの例〕
○日々の業務の内容
　→利用者との関わりで学んだこと
　→スタッフの頑張りや取り組み
　※個人情報、法人としての売上、特色については書きすぎない
○趣味のこと
　→趣味を通して人柄を発信する。こんなふうに趣味を楽しんでいる、趣味を通して○○に活かせそうなど
○楽しかった出来事

→気分転換をしていること
○地元のお店紹介
　　→お勧めの飲食店など
○本の感想
　　→内容の紹介。こんなことがためになった、など
　　※書評はしない！　出典は明確にする
○反省すべき出来事
　　→自分自身のための振り返りにする
○思い出の話
　　→現在の自分と照らし合わせてみる、など
○ペットのこと
　　→人柄を知ってもらう
○お客様のこと
　　→こんな素敵な方である、など
　　※名前など個人情報の保護は厳守する

【図表3-4-4】ブログのメリットとデメリット

メリット	デメリット
自分の想いや考えを多くの人に伝えることができる	時間を費やすこともある
新しい出会いの可能性がある	敵が現れることもある
ある分野に詳しくなる場合もある	プライバシーが知られてしまうこともある
取材依頼が来る場合もある	いたずらメールが多くなることもある
ちょっとした有名人になれる場合もある	批判されることもある
自分のメディアを持つ喜びがある	鼻にかけてしまうこともある

5 POPの作成方法

　POPとは、いわゆる事業所の取り組みを伝えるための営業ツール、社外報のようなものです。個性的なデザインにすることで差別化ができます。しかし、どんなに立派にこだわったデザインや取り組みであっても、読んでもらえなくては意味がありません。

　POPの作成に関しての書籍も多数出版されているので参照することをお勧めしますが、実例として私の会社や指導先の事業所で行っている方法をお伝えします。

①見やすさ
②興味深さ
③関心をもたせる
④問い合わせのしやすさ

の4点が重要です。

　①は、見やすい、目につくということです。どんなにいい内容が書かれていても見やすくないと目を通して読んでもらうことはできません。

　②は、目に止まるデザインや文言です。よく言われるキャッチコピーのようなものです。見やすく、そして興味をもってもらうことが重要です。

　③は、見やすくて興味深いデザインや文言に目を止めたあと、関心ある内容をより深く知りたいと考えてもらえるということです。

　④は、意外と不足しがちです。担当者、問い合わせ先などを見やすい位置にわかりやすく載せることが大切です。

介護事業所は、デザイン会社ではないので専門的なPOPの作成は難しい場合が多いのですが、外注に出すとコストも多くかかります。ですから、POPの作成は自社で行うことが求められます。ある程度、パワーポイントなどの経験があるスタッフがいればいいのですが、介護業界の場合、パソコンが苦手な職員が多いという現状もあります。そういった場合は手書きで作成することをお勧めします。

　POPの作成の仕方のコツとして下記の2つをお伝えします。Zの法則とFの法則です（**図表3-5-1**）。このZやFというのは目線の動きを表しています。私の会社で実際に作ったPOPをいくつか掲載しますので参考にご覧ください（**図表3-5-2**）。

【図表3-5-1】Zの法則、Fの法則

紙媒体の広告の法則「左上、右上、左下、右下」という順番で視線が動く

ホームページを閲覧する場合に「F」の字の形で、視線が動く

【図表3-5-2】POP作成の例 (p71～73)

突然のお知らせ失礼します。

こんばんは、妖精のマミーです！
はっぴーライフ武蔵野のロッカーの裏に住んでいます！
私、見てしまったんです。
神戸さんが、企画しているイベント！
すごく楽しそうなんです！
これは早く伝えなくちゃ！と思い、さっき、神戸さんが帰ったので、パソコンを使いお知らせを作ってみました。
まだ、皆さんにはお知らせ前なので、くれぐれもマミーからのお知らせは内緒にして下さいね。

これがそのお知らせです！

平成23年6月28日開催 ミステリーツアー

ミステリーツアーのお知らせ！

どこに行くかは？
当日までのお楽しみ！

打合せを隠し取り

ミステリーツアーとは・・・・・
どこに行くのかは内緒、秘密です。

見学でのご利用も大歓迎！

とは言っても
不安もあります。
ここでヒント

深〇寺で参〇
お〇麦〇でお食〇

当日まで楽しみにしておいて下さい・・・・・！

みんな一生懸命、イベントの企画をしていました！
マミーでした。

お電話にてお申し込み下さい！
見学利用2名様までお受けできます！

人気企画ですので
お早めにお申し込み
下さい！
参加費は通常通り700円です！

株式会社はっぴーライフ
武蔵野事業所
担当：神戸

株式会社はっぴーライフ

第3章 ブランド情報の発信方法と事例 ——紙媒体からメディア戦略まで

ちょっとしたメイクで心も晴れやか！

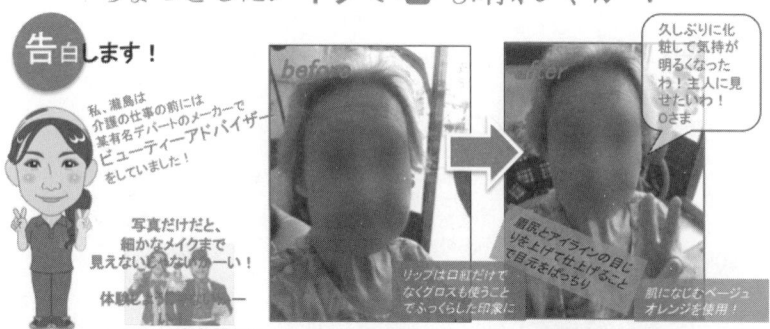

告白します！

私、瀧島は介護の仕事の前には某有名デパートのメーカーでビューティーアドバイザーをしていました！

写真だけだと、細かなメイクまで見えないじゃな〜い！

ひげ男爵の言葉より引用

久しぶりに化粧して気持が明るくなったわ！主人に見せたいわ！
Oさま

リップは口紅だけでなくグロスも使うことでふっくらした印象に

眉尻とアイラインの目じりを上げて仕上げることで目元をはっきり

肌になじむベージュオレンジを使用！

シンデレラ募集！

無料体験 2名様のみOK！

シンデレラとは？
瀧島流Happyメイクを体験したい方！
気分転換したい方！
※自宅で塞ぎこみがちな女性の利用者様にメイクをさせて頂きます。
そして、明るく楽しい一日になる事に貢献したいと思います！

その方の個性を活かしたメイクを致します！

メイクアップアーチスト
MIHO

メイクだけじゃあ〜りません
ネイルもやります！

毎週金曜日はHappyオシャレカフェの日です！
メイクをし、気分転換し月に一度は外食に行きます！
オシャレは女性の喜びです！
ちょっとしたメイクでも利用者様の気分が変わり、前向きになってくれる姿をもっと見たいです！

初公開！私のメイク道具

魔法の道具箱
女性の心を晴れやかにする
魔法をかけます！

無料体験のご希望は
問合せ先
はっぴーライフ武蔵境

担当；瀧島

第3章 ブランド情報の発信方法と事例――紙媒体からメディア戦略まで

第二部開催決定
Happyカップ争奪！麻雀大会

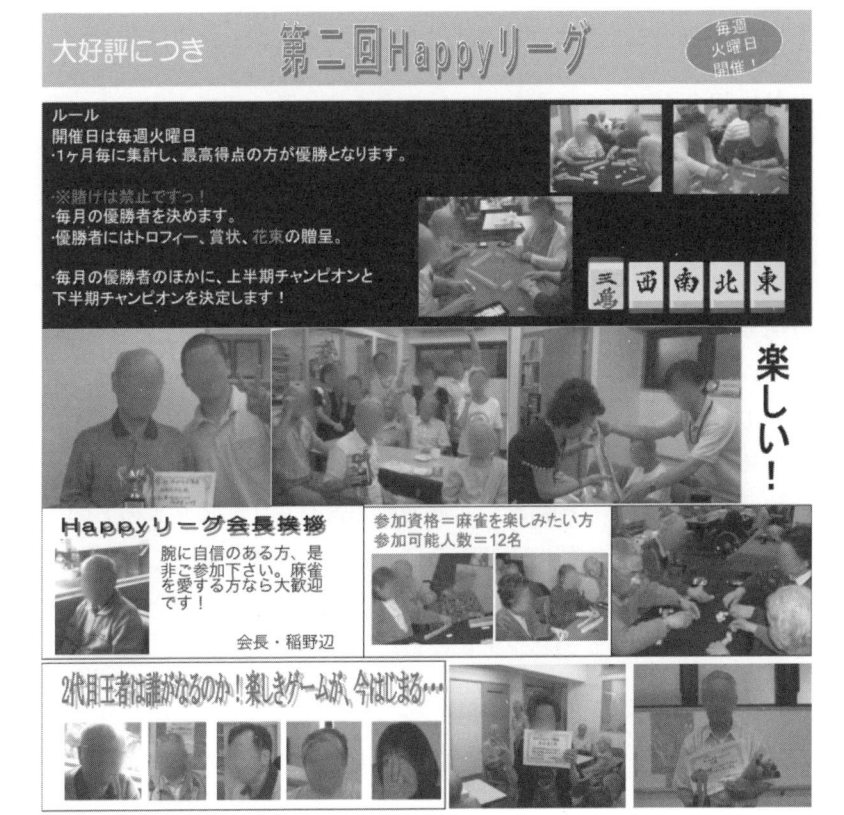

大好評につき 第二回Happyリーグ 毎週火曜日開催！

ルール
開催日は毎週火曜日
・1ヶ月毎に集計し、最高得点の方が優勝となります。

※賭けは禁止ですっ！
・毎月の優勝者を決めます。
・優勝者にはトロフィー、賞状、花束の贈呈。

・毎月の優勝者のほかに、上半期チャンピオンと下半期チャンピオンを決定します！

楽しい！

Happyリーグ会長挨拶
腕に自信のある方、是非ご参加下さい。麻雀を愛する方なら大歓迎です！

会長・稲野辺

参加資格＝麻雀を楽しみたい方
参加可能人数＝12名

2代目王者は誰がなるのか！楽しきゲームが、今はじまる…

第2回Happyリーグ開催決定

参加することに意義がある

はっぴ〜ライフ小金井

6 社内報の活用

(1) 社内報は経営者が構築したいブランドイメージの体現化

　社内報の活用は事業所のブランド力を高めるうえで大切です。理由として経営者、管理者が構築したいブランドイメージを体現するためには職員の理解と協力が必要だからです。一般的な介護事業所では社内報を作成している法人は少ないと言えます。またはあっても職員が読んでいない、関心をもっていないという現状があります。せっかく作成するのであれば、職員に興味をもって読んでもらい、ブランディングの方向性を理解してもらうためのツールにすることが重要です。

　まず、社内報は何のためにあるのか？　どういった内容を伝えるのか？　ということを明確にする必要があります。各法人の方向性はさまざまなため、何が正解かという結論を本書で記すことは不可能ですので、私自身の会社の取り組みと経営指導先の実例をお伝えすることで何がしかのヒントになれば幸いです（**図表3-6-1**）。

(2) 社内報を作成する上で必要な要素

■1 職員に参加させる

　介護職員は現場業務が中心であり、多忙ということもあって本部や事務のみで作成せざるをえない状況があります。しかし、それでは単なるお知らせになってしまいます。職員が発信したい情報もあるでしょう。職員自らがデータや文書を作る時間がなければ作成担

当者がヒアリングなどを行い、データ化します。

❷職員同士の連携を深める

　現場職員はどうしても自分の担当の仕事で頭がいっぱいになります。やむをえないことではありますが、事業所としては全体的な視点を職員にもってほしいと考えます。視点を広げるためにも、職員が関心を持つよう「◎◎も頑張っているなー。楽しそうだな」と思わせるような、さまざまな担当を取り上げる記事を載せるといった工夫が必要です。

❸経営者の方向性と行動を伝える

　経営者の行動や考えというものに、職員は関心があります。「私たちはこんなに大変で頑張っているのに、社長は何をしているのだろう？」という気持ちをもつ場合もあります。経営者や管理者の業務は職員には理解しづらいものです。想いや行動などを記事にして周知していくことで職員の理解も深まります。

❹利用者家族にも取り組み等を知ってもらう

　利用者の家族に連絡ノートや家族会で説明するだけでなく、社内報により細かな情報を伝えていくことはサービスの認知と信頼にもつながります。

❺職員家族にも取り組み等を知ってもらう

　職員の家族に、職員の頑張りや取り組みを知ってもらうことで、仕事への理解や応援にもつながります。

【図表3-6-1】社内報の例

(第24号) はっぴ～ライフ新聞 2014年(平成26年)2月18日(火)

一年の想いを込めて
書初めです
今年も一年良い年になります様に

3月のイベント
各事業所
ひな祭り・ホワイトデー
企画しています！！

吉祥寺のお風呂は、毎日黒湯＋秋田県玉川温泉の北投石と同じ効用のある石を使用しています。相乗効果で身体もしっかり温まります。湯上りも、ポカポカです。

ちょこっと知っ得★マメ知識

先日大雪が東京にも降り、交通機関に様々な影響が出ました。

雪道の運転のポイント

発進
タイヤと路面を噛ませる感覚でスタートする。アクセルを強く踏んでもタイヤが空転するだけで、進まないことがある。また、ハンドルを切った状態で発進するときは特にゆっくりと行う。

停止
ゆとりを持ってポンピングブレーキを使う。タイヤをロックさせないよう、ゆっくり減速し、目標より少し手前に止まるようにする。路面が滑りやすい状態では、停止するまでブレーキは強く踏まないで、ゆるやかに止まるようブレーキを使う。

雪道の路面

わだち：除雪車が入らない道路ではタイヤのわだちができる。その場合はわだちに沿って走行する。但し、わだち三本の場合は対向車とのすれ違いに注意し、手前でわだちから抜けておく。わだちが深く、抵抗がある時はハンドルをしっかり握りはみ出さないようにする。

除雪後：グレーダーで削り取った後はツルツルのバーンになることがある。ブラックアイス：積雪が無くとも路面が濡れている状態で凍った路面。アスファルトは見えていてもツルツルに潜る。対向車のヘッドライトの反射光などで判断する。車間距離を十分に確保し、ブレーキングを慎重に行う。

万が一運転する場合は、細心の注意を払いましょう！

辻川社長の新刊発売！

【人が集まり、喜ばれる！デイサービス開業・運営のしかた】をリニューアルし再販になります。【福辺流 力のいらない介助術】の著者でもある福辺節子先生が著書に加わってくださいました。

今月のスタッフ誕生日

3/3	恒川H
3/8	神田H
3/14	長沢Ns
3/22	伊藤H

ミスは叱らず手抜きを叱る

落合監督の著書の「采配」を読みました！2時間もあれば読める本です！経営者、管理者の方は、参考になることが多くあると感じます。経営者として、そしてコンサルという立場として、部下、後輩に叱ることに抵抗を感じてしまう事が課題になることが多々あります。

理由としては
嫌われたくない……
自分も完べきじゃない……
辞めさせられたら困るなぁ……
など、言い辛いという事があります。

落合監督はオレ流といい自由奔放なイメージを持たれる方も多くいると思いますが、実際そういったところもあるのかもしれません。が、そういった自分を作っているという事もあると思います。

この書籍は部下の管理や、後進の指導に迷っている方には特に参考になると思います。

ミスは叱らない、だが手抜きは叱る

何も反省せずに失敗を繰り返す事は論外だが、失敗を引きずって無難なプレーしかしなくなることも成長の妨げになる。注意しなければ気づかないような小さなものでも「手抜き」を放置するとチームに致命的な欠片がある。監督は嫌われ役でいい。嫌われがいもあるはずのファンやメディア、場合によっては選手をはじめ、身内からも嫌われるのが監督という仕事なのだと思う。

P189
P190
P187
P105
P104
P102

落合監督が監督を引き受けてから第一に考えていた事は常に考えていた事ですが、この利益を上げようかではなく、いかに社員とその家族の生活を守っていくか

私の3月のスケジュールを、お伝えさせて頂きます。
3月6日(木)7日(金)岩手県集団指導
3月8日(土)岩手　勉強会
3月14日(金)熊本セミナー
3月15日(土)鹿児島セミナー
3月21日(金)22日(土)沖縄セミナー
3月29日(土)仙台セミナー
3月30日(日)岩手　勉強会

私の活動などはブログ、facebookで更新しております。宜しければfacebookの友達申請やブログの方をお読み頂ければ光栄です。2月3日に6冊目となる新刊が発行されました。ありがとうございます。

facebook
https://www.facebook.com/yasushi.tsujikawa
辻川個人ブログ

辻川紀史

お知り合いの方などで介護の事でお困りの方がいましたら、ご相談ください！

第3章 ブランド情報の発信方法と事例 ―紙媒体からメディア戦略まで

7 メディアに取り上げられる

　特色のある取り組みを行い、実績もあるという自負を持った介護事業所も少なからずあると思います。本書で何度かお伝えしているように、ほかとの違いや特色は認識されて初めて"差別化"となります。知られるためにはどうしたらいいのか？　よく言われるように「口コミ」という評判も大事になります。同時に自らの発信力も重要だということもお伝えしてきました。その方法はインターネットの活用や地域への情報発信です。

　それに加えて、介護事業所の増加に伴い、ブランド力を高めるためにメディアに出演する、メディアから取材を受けるという選択肢も時には重要になります。テレビや新聞で取り上げられると、注目度が増しブランド力は向上します。ブランドの力が強いからメディアに取り上げられるわけではありません。メディアが関心を持つ取り組みや実績などがあるから取り上げられるのです。

　私自身の経験としては多くの方が知っている地上波の番組では、「朝まで生テレビ！」（テレビ朝日）、「みのもんたのサタデーずばッと」（TBS）等への出演があります。それらの番組に出演したときの経緯をお伝えします。

● 「朝まで生テレビ！」
　2009（平成21）年の3月、1本のある電話がかかってきました。青春出版社の編集の方からでした。介護の特集をしたいので取材に伺いたい、とのことでした。どのような趣旨、内容なのかを文書で確認しました。するとインタビュアーに田原総一朗氏と記載されて

いるではありませんか。田原総一朗氏といえば、テレビでよく見かける日本を代表するジャーナリストです。その田原総一朗氏が来社して当社の取り組みや介護という仕事に対する私の考えを聞きたいとのことでした。断る理由もなく、取材を受けることにしました。取材当日、田原総一朗氏と出版社の方がやって来ました。まずは事業内容の説明を行い、そして対談が始まりました。

　テレビと同様、田原氏の話のテンポは速く、次から次へとめまぐるしく展開が変わります。そのペースについていくのがやっとでした。対談のなかで介護についての認識や考えに関して田原氏と多少の相違があり、意見の衝突もありました。少し不快に思わせてしまったかな？　という心配もありました。

　対談が終わりにさしかかったときに田原氏が一言。

「君は面白いね。はっきりと意見を言うね」と言い、携帯電話をかけ始めました。どこにかけているのかとの心配もありました。電話の先は「朝まで生テレビ！」のプロデューサーでした。そして後日、プロデューサーの方が会いたいということで来社され、番組出演のオファーをされたのです。長寿番組で名立たる著名人や論客が多く出演している番組に出演することには勇気がいりました。しかし、何事も経験であり、少しでも介護業界の明るいイメージを発信できればと考え、出演を承諾しました。

　そのテレビ出演のきっかけをつくったと言える出版社の編集者の方に、なぜ私が田原氏との対談の候補にあがったのか？　という質問をしました。「介護の特集を行うと決まったとき、業界誌やインターネットで、どんな介護事業所の経営者がいるのかを調査しました。そのときに顔が見えても考えが見えない、という経営者が多くいました。そのなかで辻川社長は毎日、日々の取り組みや考えなどをご自身のブログで発信し続けていたのでオファーしました」とい

う答えでした。この答えこそが情報発信の成果だと思います。

● 「みのもんたのサタデーずばッと」
　2008(平成20)年に日経ベンチャーオンライン「THE・ニッポンの社長」という特集で、上場企業の経営者が名を連ねる中、私が掲載されたことがあります。その時の取材の経緯は、若い介護経営者を、ということでした。私もネットでの掲載のみということで気軽に受けました。その日経の担当者も、当社のホームページ、ブログなどのインターネットから情報を得て私の存在を知ったとのことでした。
　ネットのみの掲載だったので、大きな影響がすぐに出ることはないだろうと思っていました。しかし、「みのもんたのサタデーずばッと」の番組担当者がその記事を読み、連絡してきました。当社の取り組みを紹介したいということだったので快諾しました。
　その担当者が興味をもった点を伺いました。
「介護職は低賃金と言われているが、やり方によっては給与水準を上げることができる」というような私の言葉に興味を引かれたとのことでした。目を引く言葉ですが、何もこの認識は私だけのものではありません。多くの介護事業所の経営者が思っていることでもあります。しかし、対外的にはそういった本音を公けには言わないという暗黙の了解があります。ここで考えていただきたいのが、ありきたりの発言や発信ではメディア関係の方には面白みを感じてもらえないということです。
　何も無理をしてでも面白いこと、特異なことを言うべきと言っているわけではありません。正直に飾らずに信念を伝えれば、個性が発揮されると思います。その個性に特徴があればメディアに取り上げたいと感じてもらえるはずです。

8 スタッフにブランディングを浸透させる

　介護スタッフに「ブランディングの構築を行う」と急に伝えたとしても理解させることは難しいという場合が多くあります。理由として介護事業は、飲食やファッションなどの業界とは異なり、一律の介護保険の規定の上で行われるため大きな差別化が現実問題として難しく、同時にブランディングに対する意識がまだ高くないという現状があります。

　ただ、今後ますます介護事業所の数が増加し、利用者のサービスへのニーズが高まっていく状況が続く中、差別化、ブランディングは絶対に必要になります。

　介護事業所のブランディングの構築や成功のためには介護スタッフの理解と協力は不可欠であり、大きな要因となります。

　そのためには何が必要か？　それには、介護スタッフ自身のブランディングへの理解が必要になります。一般的な介護スタッフにおいては、自分だけ、自分たちだけのためという独善性や、営業的な要素を含むものに拒否感を感じ嫌う傾向にあります。それ自体は決して悪いことではなく、献身的な気持ちがあるから介護職を選択したという動機にもつながっています。

　なぜ、ブランディングが必要なのか？　ブランディングを行うことにはどのようなメリットがあるのか？　を上手にスタッフに伝えなくてはなりません。

　その際、介護スタッフがどのような取り組みに協力的になるのかを考えることが必要です。ブランドを構築することが事業所のメリットになる、それによって自分の給与に還元されるということだ

けでは協力的にはなりにくい場合があります。それよりも、利用者のためになること、利用者の満足度につながるということを第一優先にしなくてはいけません。自社が介護事業所のブランドを構築するとどのような利用者満足につながるのか、ということをわかりやすく伝える工夫が必要です。

〔介護スタッフにブランディングを浸透させるための確認事項〕
①ブランドの意味を伝える
　→ブランドとは何か？　どのような考え方なのかを伝える
②ブランドの必要性を伝える
　→業界の現状、そしてこれからはどうなるか？　ブランド構築することで利用者や自社にとってどのようなメリットがあるのかを伝える。
③ブランディング化の構築手順を伝える
　→ブランドを構築し自社はどの方向に進むのか？
④自社のブランドは何か？
　→ブランディングの構築チームを作る。自社の強みや、特色あるサービスを掘り下げていく。
⑤ブランディングの評価
　→実際にブランドとして発信し、その評価を考え、本当に自社に合ったブランドになっているか、利用者やスタッフの満足につながっているかを検討する。

　ブランディングに関しては、PDCAサイクル（**図表3-8-1**）をもとに考えると整理がつきやすくなります。

【図表3-8-1】PDCAサイクル

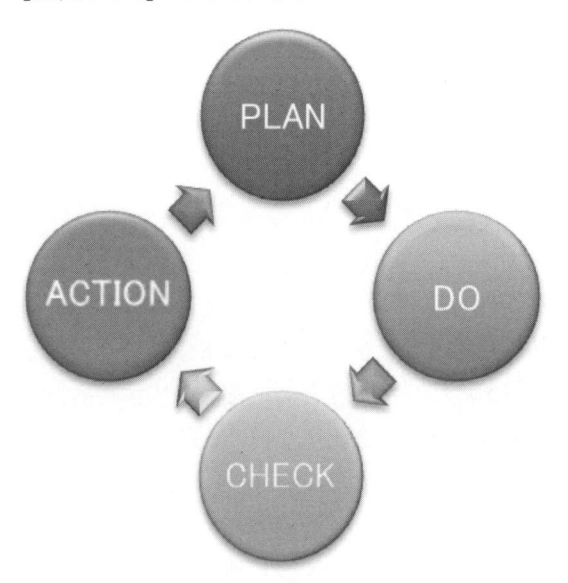

Plan：目標、計画を作成する。具体的な計画を立てる。
Do：役割を決めて動機づけを図り、具体的な行動を行う。
Check：途中経過を確認、評価する。
Action：必要に応じて修正を行う。

　一連のサイクルが終わったら改善点を考え、再計画の過程に入り、新たなPDCAサイクルを行います。

コラム　ネーミングとブランディング

（1）商品のコンセプトがネーミングにつながるとき

　ネーミングの要素はブランディングに必要です。たとえば、最近、GOPAN（ゴパン）という商品が品薄になりました。これは、パナソニックが販売しているお米を使用できるホームベーカリーです。商品名は、ご飯を炊くのではなく、パンを焼くから、ご飯の飯（ハン）にパンをかけ合わせたものです。ネーミングとしてユニークですし、どのような商品かをイメージしやすいと思います。また、サイトに掲載されているGOPANのコンセプトの文章も共感を呼びます。なぜ、その商品ができたのか？　その商品のコンセプトがネーミングにつながるときにブランドになります。

「お米パンは、お米の種類によって味も食感もさまざま。地元のお米で作ったパンとご当地食材を合わせれば、その土地ならではの新しい味が生まれます。日本の食文化を豊かにしながら、地産地消をすすめたい、ゴパンにこめた願いです。」（パナソニックの公式サイトより）

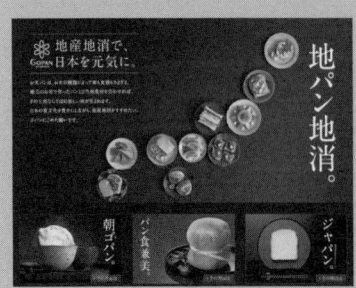

http://panasonic.jp/cooking/gopan/concept/

（2）ネーミング考案の際に必要なポイント

1 わかりやすさ

　ネーミングからその商品やサービスの内容が連想されやすいことが望ましいと言えます。ネーミングがその商品やサービスの機能、コンセプトなどとまったく逆だと、違和感を生じさせてしまい、よい効果を生みません。可能であれば、コンセプトを表すもの、または内容などもイメージしやすいネーミングがよいでしょう。

2 言いやすさ

　商品の機能やサービス内容、コンセプトを伝えたいからといって長々としたもの、言いにくいようなものになってしまったら意味がありません。発声する際の言いやすさなどの工夫も必要です。同時に記憶に残りやすいということも重要です。

3 親しみやすさ

　その商品やサービスのネーミングに親しみや愛着を持ってもらいやすいような語呂なども考えることが必要です。

第4章

介護業界外からの視点とヒント
——ブランド獲得のために今何をすべきか

〈特別対談①〉辻川泰史 × 町　亞聖
〈特別対談②〉辻川泰史 × 中野善夫

〈特別対談①〉辻川泰史 × 町 亞聖

　　　　＊　　　＊　　　＊

辻川：本日は、フリーアナウンサーの町亞聖(まちあせい)さんに、お母さんの介護をずっとされていたという体験や、さまざまな場所に取材に行かれた経験も踏まえたうえで、介護事業所のブランディングをテーマにいろいろとお伺いしていきたいと思います。よろしくお願いいたします。

　まず現在、介護事業所がどんどん増えてきていて、非常に差別化が難しい状況です。1つには、介護保険の介護サービスは全国一律の報酬であって、人員配置基準や運営規定も一緒で、そうなると、もちろん求職者もそうですが、介護事業所・施設を利用したいという利用者の視点から見てもまったく違いがわからない、という状況になっていることがあると思うんですね。

　たとえばAケアサービス、Bケアサービス、Cケアサービスが同じ介護事業である訪問介護を提供していても、Aケアサービスの得意としているのは認知症の方に対してのケアであったり、Bケアサービスの場合は、生活援助でしっかりうまくやっていたり、Cケアサービスはレスパイトサービスや終末期ケアに特化している、ということがあります。それが知られていないという原因は多々あると思いますが、実際、町さんがお母さんの介護をされていたとき、当然、措置の時代だったと思いますが、介護事業所の選択はどういった感じでされていたので

しょうか？

町　：私が母を介護していたときは、まだ介護サービスがない時代で選択肢そのものがなく、今の介護保険のサービス等とは比較ができないのですけれど、たとえば医療で考えると、多くの人は病院なら選びやすい大きい大学病院であったり、がんだったらがん治療専門の病院であったりなど、大きな枠、大きな箱があるから選びやすいと思います。介護はまだそこまでに至っていませんね。

　ただ医療にしても私が思うのは、大学病院だからいいのか？ということです。入れ物がいいから中身がいいとは限らない。やっぱり最終的にはそこにいる人の顔が見られるかが大事。私もその後、自分の実体験に加え、介護と医療の現場取材でいろんな人に会って話を聞いてきて、最終的にはやっぱり人だと思いました。先生選びにしても、大学病院にいる先生が全員名医とは限りませんし、その人の腕がいいかや、また人柄であったり、相性といったものもあります。

　介護もはっきり言うとブランドや名前ではなく、そこにいる人の顔が見えるかが大事かな。しかも規模が小さければ小さくなるほど、そのリーダーが誰か、リーダーがどんな考えを持っているかが重要ですね。

辻川：病院の場合だと、どうしても患者さんが自分で病院を選択しなくてはいけないじゃないですか。介護保険のいいところでもあるんですが、間にケアマネジャーが入るのが、良い悪いを別として、フィルターになってしまっていることもあると思いますね。今まではケアマネジャーからの紹介でほぼ成り立ってきましたが、これからの介護事業所というのは、利用者の家族の世代が、病院選びのように自分で情報をいろいろ調べてくると

思うんですよ。その時に、顔が見えるかどうか、人や人柄で選ぶ、ということを介護業界はまだあまり重要視していません。

町：私もそう感じます。実際ケアマネジャーがプランニングしている場を取材したことがあるんですが、その場はたまたま取材だったのでスタッフが皆さん全員来てくださったんですね。リハビリの方とか。それでみんなの顔が見えたのですが、主導権を握っているのはやはりケアマネジャーの方でした。表を見ながら、「ハイ、ここはここ」という感じでした。ご家族の方が口をはさめる感じではなく、専門知識も持っているケアマネジャーに任せてしまおうという雰囲気を感じました。

辻川：やはり介護事業というビジネスでブランド構築が難しいというのは、1つはケアマネジャーに対してのバリューとなるブランドの価値と、利用者様にとってのブランドの価値というものに相違があるんじゃないかなと感じるんですよ。ケアマネジャーの興味を引くようなものは、たとえば新しいケアの取り組みを行っていますとか、ちょっと有名な介護職さんがいますといったことだと思います。

　でも利用者や家族から見たら、ちょっとした細かな時間の融通をきかせてくれるだとか、小さなことまでやってくれるなどということを求めていたりすると思うんですよ。それをどういうふうにブランディングしていったらいいのかなと考えた場合、事業所のスタッフの人間力と地域性というのが大事になってくると僕は思います。そこをどうやって伝えていったらいいかというのが課題ですね。

町：事業所が地域に対して開かれていることが大事かなと思います。必要になった人だけが来るのではなくて、まだ必要がないと思われる人が普段から見学に来られるような。

辻川：交流ですよね。

町　：そういうのを1か月の間に頻繁に行ってもいいんですよね。1年に1回とか半年に1回ではなく、通りがかりの人でもいいからちょっと見てもらうとか。利用者さんのプライバシーの問題もあるかもしれないですけれど、そこはご家族にも協力してもらって、開かれているというのは大事かなと。

　私の知る、理想的だと思うグループホームは、やっていることはずっと変わらないんです。措置の時代から、施設が常に地域に開かれている。玄関に鍵がかかっていないというイメージの施設です。地域の人を巻き込んでイベントもやるし、ご家族にも手伝ってもらう。家族の側も、入所させているからずっと面倒をみられないという後ろめたい部分を持っている。ただ自宅にいるよりは施設にいるほうが実は利用者の表情が生き生きしていて、というのを見ると安心します。そういうイベントの時に、家族もそこで手伝っているということで気持ちに折り合いもつくのでしょう。

　みんなでその人を見守るという形が、そのホームはもうずっとできているんですよね。実は難しいことでもなくて、その積み重ねで認知症を抱えて生きるというのがどういうものかを地域の人に知ってもらうことにもなる。私がそのホームの代表の方をすごく尊敬しているのは、今のように認知症の解明が進んでいないときから、徘徊には必ず意味があるといったことをおっしゃっていて、正にそのとおりだなと。認知症についていろいろ知るたびに、その方の言っていることに間違いはなかったとわかりました。お墓参りだったり買い物に行くのが習慣だったり、徘徊にはその人それぞれの理由がある。そういう徘徊している人がいても……一応スタッフがついてはいるんだけ

れども、それが怪しい行動ではないと、そのグループホームは地域の人にわかってもらえているんですよ。習慣でおじいちゃんが外に出る、「また、あれね」というように。

辻川：今、町さんがおっしゃったような素晴らしい事業所があったとしても、たとえばそれが神奈川県の〇〇市にあったとすると、たぶんその市の人以外は知らないわけですよね、そういう施設があるということは。でもその地域で知られるということが介護事業所のブランドだと思うんですよ。もちろん大手のように全国展開していて、上場企業でというのが一般的にはブランドとされますが、介護事業所の「ブランド」は、地域に知られていればいいんですよね。

町　：私はそう思います。実は、その地域に見守られることが事業所にとって一番大事だと思います。やっぱり事業所、グループホーム、すべて、地域の生活の延長にあるんだと思うんですよね。私がもし認知症になったら、入りたい施設は特別なことをしてくれるところではなくて、今まで過ごしてきた人生・生活の延長の中に施設があるようなところがいい。

辻川：そうなると、一所懸命、"地域密着"って言いますけど、僕は"地域土着"ぐらいにして、そこで地域性に合ったものをやればいいと思います。

　　たとえばこの地域は高齢化率がそんなに高くないんだけれども、核家族化が進んでいるから独居の方向けに心がけなくてはいけないことの勉強会を開いたり、また別の地域では、老老介護が多いから、こういった行政の横出しサービスが実はあるとか、見守りサービスをやっているんですよといったことについて、住民の方に説明会を行うとか。事務所が広くない場合は、公民館などを借りて行うという手もあります。そういうふうに

常に窓口になっていく姿勢が職員を鍛えることにもなるし、自分たちの使命感も得られる。地域に支持されていくことが１つのブランドというか、信頼になりますよね。

町　：ブランドはイコール信頼だと思います。しかも名前があるからブランドになっていくのではなくて、信頼がついたことによって地域のブランドという顔になるんだと思うんです。決められた何かをやったからそれで「ハイ、ブランドね」となるわけではない。やっぱりそこに辻川さんの言われた土着というか、地域に根を張って信用してもらう、しかも利用者・ご家族がここに預けてよかったという思いが口コミで広がるのが一番のブランドによる選別だと思うんですね。

辻川：地域に土着して、地域のニーズに添い、自分たちの使命感から取り組みを行っていくことが１つのブランド構築です。
　そうはいっても介護事業というビジネスとして見た場合、ある程度想いだけではなくて、取り組みのサービスの部分でブランド化しなくてはならないという側面があると思うんですよ。たとえば、有名なところであれば、この前の町さんの講演でも取り上げられた、「夢のみずうみ村」さんは大規模デイ（サービスセンター）で、村内通貨まであってというのがブランドじゃないですか。そういったブランドも考えていかなければいけないのかなと。

町　：同じものを真似するというのもありだと思います。国も、モデルケースになるところに支援費を出そうとしています。夢のみずうみ村はそういう意味では行政がバックアップしてモデルとして取り入れようとしていますね。

辻川：浦安（の夢のみずうみ村）なんかはそうですもんね。

町　：それもそれで、みんながみずうみ村になってもどうかなと若

干の疑問はあります。真似をするのはいいんですけれど、やはりその土地のリーダーの想いみたいなものを加味してもっと進化させないと。夢のみずうみ村が頂点かというと、もしかするともっと別のいいものがあるかもしれない。単に真似して取り入れるのではなく、さらに工夫をしていくべきだと私は思いますね。

辻川：結局は、自分たちの使命感からくるものを、形にしていくことがブランドになると思うんです。うまくいっているみたいだからといってどこかから借りてきても、それはブランドにはなりません。

町　：そう思います。夢のみずうみ村は、介護を受ける側だけでなく提供している側が楽しいんだと思います。ユーメ（村内通貨の単位）とか誰が思いついたんでしょう。施設の中だけで流通する通貨という発想が本当に面白い。

辻川：やはりそこのスタッフさんから出てくる発想かもしれませんね。スタッフの遊び心から出てくるようなものを抽出していく社内の仕組みも必要になってきますよね。言いやすい環境を作り、決めたことをちゃんとやっていく、ちょっとずつ変えながら形にしていくと。

町　：まとめる人の柔軟性も必要。介護保険の制度に柔軟性がないので、現場での運用をいかに柔軟にしていくかしかないと思います。医療も同じ問題にぶつかっている。一律の診療報酬制度で、ベテランの先生が胃がんを切っても、新米先生が胃がんを切っても点数が一緒。これは以前からの課題で、技術料としてベテランのほうが高くなるべきだと思うのですが、なかなか解決しない問題。介護も、介護報酬が柔軟に変わっていくかというと……。

辻川：評価が難しいですよね。

町　：たぶん10年20年経っても変わらないかもしれない。となると、やはり現場でいかにして柔軟に対応していくかです。

辻川：1つには今後、介護サービスが財政上、介護保険だと賄いきれなくなるので、介護事業所としての事業面のブランドとして、自費事業というものに力を入れていくことも大事ですよね。

町　：そうですね。そこに協力してくれるよう、民間の企業さんに私も訴えたいんですが、余裕がある企業がない。日本はまだアベノミクスの恩恵が本当に末端まで行っていないので。これから介護を誰が支えていくかというと、支えられる体力があるところが支えるしかない時代が来ている。そういう意味では、介護報酬に頼らない自費事業は、協力できるところは協力して、スタッフに報酬として還元されるような仕組みを考えていかないといけないなと思います。

辻川：これから外国人の介護士も増えてくるじゃないですか。彼らをもっと活用することも大事だと思うんですよ。

町　：私も賛成です。

辻川：僕が経営している事業所にもいるんですけれども。最初は、日本人が日本人の介護をやるべきだと思っていた時期もあるんですよ。それは偏見ではなくて、日本人の利用者に、たとえば、「大丈夫ですか」と聞いたときに「う～ん」という返事が「YES」ととられてしまうのではないかなどと思うところもあったんですね。でも、日本に長く住んでいるとか、2、3年住んでいれば大体わかってくるものなんですよ。そうなってきたときにインドネシアやフィリピンの方々が中心の事業所があっても面白いかもしれませんね。逆にそれがブランドになっちゃう。

町　：面白いかも。フィリピンとか暖かい国の人たちって、みんな

ホスピタリティに溢れていて優しい。日本は、どこの業界も一緒なんですけれど、若い人に若干神経質な人やコミュニケーション下手な人が多くなっている。やっぱりコミュニケーション能力に学ぶべきところが絶対あると思うんですね。インドネシアの方とかフィリピンの方とか、国境を越えて資格までとってやって来てくれるわけで。外国人の雇用促進について、この前もニュースでやっていました。ただ、外国人が労働者として来ることが、介護という仕事がやっぱり3K（きつい、きたない、危険）、つらいと見られる懸念もあるような報じ方が新聞やテレビでされているのが残念です。

辻川：確かにそれはあるかもしれないです。

町　：厚労省の検討会などに入っている専門家たちが自ら介護業界を3Kなどと言ってしまうと、そうではないふうにしていかなければいけないのに、結局そこ止まりというか。彼女（外国人）たちは日本人と同じレベルの資格を持ってこっちに来ている。決してつらい、きついだけの労働ではないことを先にアピールしなければいけないのに。外国人が入ってくる、イコール職場はきついもの、になる。「安い労働力のお決まりの方程式」を、介護業界をPRしなければいけない人が口にしてしまうとそれはマイナスイメージを増長してしまうことになるから、そこも気をつけなくてはいけない。

　　　この業界はまだお給料も安いし、課題はあるけれども、そこは改善策を探りつつ、介護のイメージも変えていかないといけないと思います。

辻川：そうなってくると、情報発信も大事ですね。

町　：新聞なども表面的な現状しか書いていない。今施設にスタッフとして入っている外国人介護士の人たちは日本語までクリア

して資格を取って働いているわけだから、そういう意味では今の状況を維持したまま、これから労働力としてどうやって日本で働いてもらうかという方向で書けばいいのに。

辻川：少子高齢化でどんどん労働力が減少していくのが人口動態を見ていても明らかです。けれども、それを逆手にあそこは外国人の介護士さんと連携してうまくやっている、といったことによりブランドにするチャンスの時でもある。成功モデルをつくれる可能性もありますよね。

町　：以前から思っているんですけれど、海外から来る方たちは、日本に定住するつもりでは来ていない。彼女たちは日本である程度働いたら、母国に家族も残しているし、やっぱり戻りたいわけですよ。そうであれば、高いハードルを課して資格を取らせるのではなくて、研修という形で3年ぐらい働いてもらい、また新しい方に来てもらうという循環をつくればいいのかなと。日本から指導者として、向こうに行くというのもありじゃないですか。

　介護イノベーションといって、日本の介護を外に持っていく、研修してきたものをまた向こうに持ち帰ってもらって、現地の人がそこに研修で行くってこともできる。そうするとどんどん日本の介護が世界に広がる気がします。

辻川：日本の介護保険制度をはじめ、介護のケアも技術もそうですし、認知症の方に対応するような方法っていうのも、日本は確立されてきていると思うんですね。そういうのをきちんとコンテンツにして発信していく。外国人労働者の方がEPA（経済連携協定）で来るルートと、独自に来て独自にやるような場合、国の資格主導になってしまうところがあって、フットワークがどうしても軽くできないので、民間企業が個別にその外国人の

　　　　方と雇用契約を結んで日本に来てもらうようにはできないか。そこにはいろいろ難しい問題がありますが。

町　：就労ビザの取得などですね。

辻川：そういったことをコーディネートをしてくれるところが出てくれば、いいですね。たぶん人材紹介会社もある程度収益が出ると思えばやってくれると思います。そういったことも今後必要なのかなと。

町　：そうですね。先々100万人が必要と言われている介護要員をどういう内訳で確保していくのか。100万人が全員介護福祉士である必要はないので、ホームヘルパーで生活援助ができる人でもいい、もしかしたらもっとボランティアのレベルでもいい人もいると思うんですよ。本当に専門性の高い人たちは一握りでもいいかもしれない。100万人の一角を外国の方たちに担ってもらう。

辻川：たぶんこれから外国人の方たちもブランドになる。定年退職した団塊の世代の元サラリーマンたちがやっているデイサービス（松渓ふれあいの家）が東京にあります。

町　：男性利用者の多い、男性が行きたいと思えるところですよね。

辻川：おじさんばっかりでやっている。あれがブランドになっているじゃないですか。

町　：そうですね。俺たちが入りたい、という思いで作ったという。歌を歌ったりそういう普通じゃないところがいい。

辻川：東京のほうでも最近、人が集まらなくて開設できない特養だとか、スタッフが辞めてしまったために閉鎖せざるを得ない事業所だとかが少しずつ出てきています。それは今後の予兆なんだと思うんです。それに対して、うちはこのスタッフがいるから大丈夫だと思っていると、5年、10年したときに危機に直面

する。それが訪問介護で、家族経営でやっていればいいかもしれないですけれど、パートさんも含めて事業所に10人とか20人いれば、そういうことまでわが身のように考えなければいけないわけですよね。そうならないためにブランディングが必要。やり方は、男性だけの事業所でも外国人中心でやるのでも、定年退職した女性、ボランティアをやっていた人が集まるようなものでもいいと思うんですけれども。そういったものが今後の1つのブランドにもなりますよね。それを確立していかないと。

町 ：辻川さんが言っているのは早め早め、ですね。地域ごとに、リーダーシップをとっている職種はさまざまだと思うんですよ。訪問看護師がリーダーシップをとっている板橋区などは、訪問看護師の方たちが、当時あまり知られていなかった地域包括支援センターと利用者を結ぶために電話相談室を作って、そこから病院へとつないだりしていました。地域支援センターがやるべき仕事かなとちょっと思ったんですけれど。

辻川：センターが機能してないこともあるかもしれないですね。

町 ：訪問看護の人が、医療もわかっているからとやっている地域もあれば、ソーシャルワーカー系の資格を持っているケアマネジャーが見守りをやっている地域もあったりします。どこがリーダーシップをとるかは、私はどこでもいいと思うんです。手をあげた人、後はやる気があってアイデアがある人がやればいいんで、その人材が地域にどれぐらいいるか。やみくもに100万人不足するからといって本当に100万人必要なのかも疑問です。言葉の一人歩きもあるので、地域でどれだけ人材資源があるかということを1度掘り起こす作業もしたほうがいい。介護が必要な方を掘り起こすのも重要です。

辻川：加えて、新しく10代、20代の人に介護職に興味を持っても

らうためにも、介護事業所のブランドを個々に作っていく必要があるのかなと感じます。

町　：やっぱり研修などで、いい事業所を見てもらうことでしょうね。最初にきついところへ研修に行ってしまうと、進むのをやめようかと思うかもしれないですね。ただ最初にバラ色みたいな場所を見せても、そのあとの現実とのギャップに必ず直面する。研修でやっていることが仕事にしたら365日ずっとになるわけだから、現実は知ってもらわなければいけない。

辻川：今、介護業界を目指す若者に選択肢がないというのが一番の問題かもしれない。業界全体で、介護業界のブランドというと、たとえばこれまで話に出た、大規模型のデイサービスの事業所であったり、男性利用者が多いデイサービスだったりとか。北海道には元はカラオケスナックだった建物を使ったユニークなデイがある。もう1つ、数年前に世に出てきた、古武術介護っていうのがあるんですよ。

町　：古武術ですか？

辻川：スッと介護ができたりする。それもブランドになると思うんですよね。介護職の人たちが作れるブランドっていうのも、もっとこれからは必要なのかなと。

町　：そうですね。

辻川：一番いいのは、介護事業所は地域に密着しているわけだから、定期的に地域のニーズに合った勉強会を開くなどして、地域とつながりを作ることです。

町　：つながりですね。

辻川：つながりとか縁を持った取り組みをしていきながら、そこに対しての問題解決を一緒に提案していく。そこで利用者のご家族の心の問題を聞いたりとか、家族と利用者のいいパイプ役に

なる。それをやっているだけだと偏った経営になってしまうから、うまくホームページとかブログとかフェイスブックを使って、または社外報のようなものを作って、絶えず周知していく。そのなかでたぶん自社に合ったブランドの形が自然にできてくるものなのかな。

町：そうですね。

辻川：ブランドを作るぞと意気込んで作るのももちろん大事。経営者はそういった視点も必要だと思うんですけれど、それと同時に、自然とブランドになっちゃったというのも……。

町：それが一番いいと思います。

辻川：理想ですよね。

町：うちの地域にはあそこがあるよ、というように皆が知っている、それがたぶんブランドなんだと思うんですよね。地域のブランド。

辻川：今回のこの対談は、全国の方が読んでくださっていると思いますが、たとえば新潟県、山梨県、長野県の各市、全部の市にブランドはできにくいかもしれません。だけれども、何々県のあの地域にこんなのがあるよ、というものがあれば、介護業界の底上げにもなる。そうなってくると介護業界に行ってみたいという若い子たちの選択肢も増えますから、そうなるといいなと思います。

町：業界全体の底上げをしないと、1か所だけが上がっているだけじゃダメなんですよ。1か所が引っ張っているうちはいつか破綻するというか、限界が来るので。

　たとえば夢のみずうみ村も代表の藤原さんがずっと永遠に続けるわけではないから、そういう意味ではリーダーがいなくなったときに、引き継ぐ人がいないといけない。全体で牽引し

なければいけないから、底上げは大事ですね。今、社会福祉法人にも世代交代の波が押し寄せ、辻川さんのような30代の方たちも増えてきているから、この10年が、今までとらわれていたものを捨てて新しいことにチャレンジするいいターニングポイントかもしれません。

辻川：そうしなくてはいけないんですよね。

町　：最終的には私は看取りが大切と思っています。最後まで地域で生きられるような体制を皆で作っていく、最終的には誰にも看取られないで亡くなっていくお年寄りを1人でも減らさなくてはいけないと思うんですね。

　たとえば東京では家族と一緒に住んでいるお年寄りも少なくなっている。1人暮らしもいたり、ご夫婦2人だけの場合もあると思うんですけれど、そこにせめて訪問看護の人や介護職員が立ち会えたりでもいいですし、誰かが気付いてあげて、しかるべきところで看取ってあげられたらいいですね。自宅で亡くなれれば、それが一番いいですけれども。そこまでを考えなければいけないから、本当に大変ではあるけれども、やりがいがある仕事です。そこはある意味、地域に覚悟が必要ですよね。

辻川：この本書いていて、ブランドはテクニックでは絶対続かないなって思ったんですよ。内面から出てきた自分の個性、その地域のニーズと合致しないと小手先だけのものになってしまいますし、何の貢献もできないなと感じたのですね。今日の対談では町さんにお越しいただいて、全体の中庸な立場でいろいろお話を伺うことができ、ためになりました。本当ありがとうございました。

町　亞聖 (まち　あせい)

【プロフィール】

小学生の頃からアナウンサーに憧れ1995年に日本テレビにアナウンサーとして入社。その後、活躍の場を報道局に移し、報道キャスター、厚生労働省担当記者として医療や介護問題などを中心に取材。2011年にフリーアナウンサーに転身。脳障害のため車椅子の生活を送っていた母と過ごした10年の日々、そして母と父をがんで亡くした経験をまとめた「十年介護」を小学館文庫から出版。医療と介護を生涯のテーマに取材を続ける。

【出演番組】

☆TOKYO　MX　毎週金曜日午前11時から12時「週末メトロポリシャン！」MC

☆文化放送　水曜日13時〜15時30分「大竹まことのゴールデンラジオ！」　水曜レギュラー

☆ニッポン放送　毎週日曜日あさ6時30分〜7時ウィークエンドケアタイム「ひだまりハウス〜うつ病・認知症を語ろう〜」

〈特別対談②〉辻川泰史 × 中野善夫

*　　　*　　　*

辻川：中野会長は北海道で屈指の会計事務所を経営されており、さらに全国の歯科医のコンサルタントを行い大きな差別化を図っているというお話を1度おうかがいしたことがありました。今回、介護事業所のブランド化、差別化に関して、会長に対談のご協力をお願いしたいと思ったのは、その時のお話が大変興味深く勉強になりましたので、会長の感じる介護業界のブランド化についてのお考えをお聞かせいただきたいという理由からです。

中野：まず、介護業界の一番大きな特徴として、全体として見たときにほとんど差別化が進んでいないということです。端的に言ってしまうと、多くの事業所が経営不在になっているということでしょうか。これは制度として成り立っている仕組みだからあるがままに仕事をして、あるがままに介護報酬を請求すれば、なんとか事業が成り立つというところからきていると思います。

　要は国策として完全に仕組みが制度としてでき上がっている介護保険という中で考えると、現実的には無造作に与えられる掴み金ですから、掴み金をもらった中でどうやっていくのかということに対して、ほとんどマネジメント不在になっているなと感じます。これは、医療の業界もまったく同じなんですが、

診療報酬制度という保険制度の中でやっているとこれは当然掴み金です。たとえば医療の世界でいうと、手技のスピード、処置できるスピードというのは人によって差があります。診療報酬は、たとえばAという治療を行った場合に下手な医者がやっても、手技のスピードが速い医者がやっても診療報酬の点数が100点となっていれば100点です。つまり、医者がどれほど技術的なレベルや品質が高くてもそうでなくても、10分で終わった医者でも1時間かかった医者でも、Aという治療の診療報酬の点数が100点となっていれば100点ということには変わりはないわけですよ。そうすると、手技のスピードが速くて品質の高い医者は数をこなせるので、総体として診療上の収入は上がる。ですが、品質が低くてスピードも遅い医者は同じ時間の中で医療行為をしても診療上の収入は10分の1や20分の1です。これは普通にあるわけです。

　このことをあからさまに考えている人というのは現実的にはいないと思います。自分のやり方はすべて正しいというふうに医療技術者たちは考えていて、自分の手技のスピードが速いか遅いかわからず、また品質が高いか低いかという事態もわからない人もいるということです。そうすると、それに任せたまま経営していけば何が起こるかというと、手技のスピードの遅い人たちは保険診療制度の中では収入は上がらないし、利益も上がらないということです。そうした構造が普通に出てくるわけですが、それを改善する方法がわからないんですね。医者は医療技術者であって、経営者ではないわけですから。マネジメントを学んでいないので、経営の原理原則がまったくわからない。経営的にいうと生産性の問題です。時間当たりの稼ぎということに対するベンチマーク指標を持っているか持っていないかと

いうことになるわけです。そうした部分だけではなく、会計もわからないし、人事もわからない。生産性のこともわからないし、もっといえば販売ということもよくわかっていないという中で、あるがままで仕事をしていればとてつもない大きなロスが出てきます。でも、そのことに気づかずに職人や技術者として仕事を一生懸命やっているスタイルになっています。

辻川：介護業界も同じですね。最近は他業種からの参入も多いですが、実際ケアマネジャー出身であったり介護士出身であったり、そうした人たちが思いだけで経営してしまっていて介護知識や介護技術は高いけれど利益が上がらない。今、会長がおっしゃったように、ベンチマーク指標もそうですが人事考課制度もわからない、税金のこともまったくわからない状況のまま経営不在できてしまっている。また利用者、高齢者から見たら同じ人員配置、同じ料金だと差別化がわからないということがありますね。

　以前、会長からうかがったお話で歯科医の話がありました。どうしても診療報酬でもらうには限度があるから、プラス自費の分、自費のサービス、自費の医療を構築して自分で経営を高めていって医療保険外のサービスからプラスアルファをとってくることで、より患者さんにとってバリューになっていくというお話があったと思います。介護業界から見たときに医療よりも保険外の細かいニーズはありますが、まだそこが創出できていないと思います。

　たとえば、デイサービスでプラスアルファに何をつけるかといったら、みんなが思いつくのは、配食サービスを一緒にかませようとか、訪問美容を加えようかぐらいです。そもそも何も考えられないというのがあるんですよね。今、介護保険の売上

げがほぼ9割以上で、100％介護保険の売上げでやっているところの比率を2割3割自費で取れるようなモデルをつくっていかなければと感じています。そこで会長から見てこんなサービスがもっと必要なんじゃないかなというのがあったら教えてください。

中野：具体的に言えるかというとなかなか難しいですが、わたしの友人で札幌にヤマイチユナイテッドグループの社長で山地章夫という経営者がいます。今、彼はデイサービスに特化した介護領域のビジネスを展開し、とんでもなく成長しています。機能訓練のデイサービス「きたえる～む」というブランドでやっていますが、まだスタートして1年半も経っていないと思いますが、もうすでに38軒の店舗を全国的に展開しているんですよ。フランチャイズ化しているので、恐らく1年以内に100軒以上に増えていくと思います。

　ここは非常に人気があって、差別化がとても進んでいます。利用者からの評価も非常に高いし、社員が楽しんで仕事をしているんですよ。一般的に介護業界の人たちは疲弊した人々の集団でモチベーションが非常に低いというのがわたしの感覚なんですが、もともとのスタート時には志があって、想いがあってここをなんとかしたいという強い想いの方が多いじゃないですか。特に介護という人助けをしたいとか、人に対して興味があってとか、人とのかかわりの中に喜びを見い出せる人たちがたくさん集まっていると思うんですね。でも、こういう人たちであるにもかかわらず、経営者が経営についてわかっていないことによって収益が上がらない。収益が上がらないと簡単に言えば生活水準を上げるということができない。現実、給料が安いわけですよね。もう完全に疲れ切っていてしかも重労働です。

そして長時間労働ですから、これでは続かないとわたしは思います。当然、生産性の問題もあるし、経営としてのマネジメントが効いていないことによるマイナスも非常に大きい。結果として人々の喜びが得られる職場じゃなくなっています。

　そうすると、じゃあそこでサービスを受ける人はどうなのかというと、これは面白くないですよね。疲れ切っていてもう嫌だという顔しているおばさんやおじさんがたくさんいる、そういう環境にもうなってしまっているんだろうなと思いますね。働いている人たちが喜びを持って働けるような環境をつくるという経営者的発想がしっかりないと難しいのだと思います。そのブランディングということで言えば、まさにそこが差別化できるかということだと思います。簡単に言うと、介護を受ける側の人たちの喜びや評価ということ、この業界全体で言えば社員の満足度や幸せ感を高められるかどうかということが勝負だと思います。そこがしっかりしていないと、この業界で成功するのは難しいでしょう。

　ブランディングをしていく中で少なくとも従業員満足度を高めるという仕組みをしっかりとつくっていくことが必要でしょう。そのためには、差別化された事業になっていないとだめですよね。また、マネジメント機能が効いていないとだめだし、生産、あるいは販売や財務、人事といった機能が仕組みとして成立していないと無理だろうなと思います。

　先ほどお話しした「きたえる〜む」というブランドは、基本的に長時間労働は一切ありません。だから社員は疲弊なんかしていないし、みんなが楽しんでいるんですね。長時間労働が一切ないわけですから楽しくてしょうがない。しかもきちんと週休2日で働けて給料ももらえますから、これって結局ビジネス

モデルの差ですよね。そこに乗っかっている事業は介護事業ですが、これを介護保険で収入を得るというモデルで考えるとプラスアルファがたくさんあって、やはり明るく楽しく元気で、従来の介護業界とは全然違うと思いますし、そういう意味では差別化されてブランド化されたモデルになっていますよね。「きたえる〜む」のHPを見るとわかりますが、ほかととんでもなく違うことをやっているのかというと実はそうではなくて、普通にデイサービスの事業所で提供されているようなサービスだけなんですが、ほかとはまったく違うんですね。

辻川：どんな事業においても同じだと思いますが、やはり介護事業所がブランド化していくためには職員の協力がなければできないじゃないですか。ハード面というつくる部分は簡単にできると思いますが、それは長く続かないですよね。まずはスタッフがしっかりと楽しめる環境、やりがいを持てる環境をつくっていくこと、それにプラスしてそれを動かしていく仕組みですよね。マネジメント体制をつくっていくということが重要になってくるのだと思いますが、そこにプラスして、トップになる経営者の意識が変わってくれなければどうしようもない。

　変わらない人は淘汰されていけばよいと言うこともできますが、たぶん歯科医の方もそうであるように、不器用な方やどう変えていいのかわからない、何から始めていいかのわからないということがあると思います。職人肌の歯科医の先生もそうですし、介護業界のわたしたちもそうですし、専門職の資格だけで経営を行ってきたトップの人というのは変わり方がわからない。もっとスタッフも大事にしたい。だけど何から自分のところのブランドを始めていけばいいのかわからないということがあると思います。今回、介護業界に特化した本ですが、会長か

ら何かアドバイスがあればいただきたいと思います。

中野：1つは、好むかどうかは別として、経営を知るということは最低限必須だと思います。というのは、介護の業界も医療の業界もそうですが、要はその一方に国策としての制度が存在していて、制度上のルールと基本は守らなければいけないという前提に立っています。ここから外れることは絶対にできないわけですから、それをきちんと担保するというのは当然です。しかし、その担保している状態というのが実はその経営をベースにしてきちんと管理体制を敷いているところと、まったくそうではなく制度だからと日常の仕事に対して何の工夫も改善もないというところがあります。そこでこういうことをするとこれだけの点数がついて報酬がもらえるというルールから自分たちの仕事をつくった人たちは、そのルールの中でだけで動いていると改善が進まないですよね。これにはこのやり方しかないから長時間労働するのもしかたがないし、人の配置だってルールからいえばこれだけ配置しなければいけないんだという中で動くのと、ルールは当然として、その上で利用者の楽しみや喜びをどうすれば最大化できるか、どうすればもっと生産性を高められるか、というふうに考えて動いている人とは差が出てきます。

　実は人間というのは、モチベーションによってアウトプットの精度も違えば量も違ってくるんだということをベースに経営的な感覚を持っている人と、そうではない人とではまるっきり仕組みのつくり方が変わってしまうわけです。つまり、ここにマンパワーを投入すればいいんだ、人がいればいいんだという世界と、そうではなくて人の数はもちろん必要だけれども品質の高い人材教育を訓練されていて、しかもホスピタリティのレベルが高い感性豊かな人間を多数育成してそうした人を配置し

ていかなければ満足は得られないというように考える経営者とでは、大きな差がついてくるわけですよね。また、その人材の育成というときにその手段や方法論というのをどう捉えているのか。人を育てるということに対してどういう概念を持っているのかというようなことまで経営を知っているのと知らないとでは経営の水準も考える領域もまったく違ってくるわけです。

　現実的に今介護の業界で経営している人たちはいわば経営の素人、職人技術の領域の中で介護をやってきたプロフェッショナルな人たちであって、経営はド素人ですよね。これはどんな業界でもそうなんですが、形態として成立するためには、経営というのはどこまでいっても人の集団ですから、同じ人間でありながらそこに大きな差がつくのは仕組みであり、もう1つはそこで働く人間のモチベーションであり、この2つ以外に違うものはないんですよね。

辻川：ブランドの話と少しかぶるかもしれませんが、そのモチベーションを上げるために各会社が掲げる理念というのが根底にあるのではないかなと思います。ただ、理念というのが介護業界ではあったとしても、どこも同じようなものが一直線に並んでいるような感じですね。

中野：とってつけたようなものが多いですね。理念とは本質的には3つの要素があると考えています。1つ目に医療の業界でもそうですが、自分たちが何者なのかを明らかにするという意味でいえば、患者にとってどういう組織であろうとするかが明らかであることが必要です。2つ目に、これはほとんどの介護事業所で整備されていないと思いますが、そこで働く人にとってどういう組織であるかということを定義づけしていません。誰にとってどういう組織なのかということをまったく明らかにして

いないので、自分たちがこの場にいていったいどういうことになっていくのかということ対してまったく方向性を示していないわけです。経営者が働く人たちを単純な労働力としてしか認知してないというのが現実だと思いますが、これでは、とてもモチベーションが上がるような環境はつくれません。経営者が一緒にやってくれと言ったところで、働く側にとっては自分たちの将来はどうなるんですかねという話だと思いますね。

　働く人たちが、ここにいると人間として成長ができ、しかも生活という側面を見たときに所得が保障されている。ないしは一定の世の中の水準以上に自分たちが豊かになれると感じ取れるかがまず第一だと思います。ですが、経営者はそういうことを一切考えていないように見えますね。「赤字なんだからあなたたちの給料が低くたってしょうがない」「ここでしか働きようがないんだから我慢しろ」「ここで働く以上はこういうルールになっているんだからやってくれ」みたいな世界になっていて、働く人たちが主体的に自らがどう動くかなんて考える仕組みにはなっていません。これは経営者の罪だと思います。

　理念づくりにおいて、せいぜいやっていてもお客さんにとってどういう組織であるかということ、明らかにしていることはそこまでだと思いますよ。お客さんが豊かになるのはいいことですが、そこで働いている人たちがどうにもこうにもならないことをそのまま放置しているのでは、モチベーションの高い人間にはなっていかないですよね。どんなに頑張っても自分の給料が上がることもなければ生活が豊かになることもないと思っている人が、介護で救わなきゃいけない、サポートしなければいけない人たちを幸せにするということができるとは思えません。つまり仕組み上、豊かじゃない人、幸せでない人がお客さ

んを豊かにしたり幸せにしたりというのは無理に決まっているんですよね。理屈上絶対に成立しません。そこをきちんと明らかにすることができる経営者であることがとても大きいし、そこをはっきりさせていくことはブランディング以前の問題です。そして3つ目として、さらに地域社会にとってどういう組織であろうとするか。この3つのことがきちんと理念として整理されていないと組織としては成立しないですね。

　一般企業でもそうですし、歯科の業界であったとしてもこれは同じなんです。歯科であれば、患者にとってどういう歯科医院であろうとするかを明らかにして、勤務医や歯科衛生士にとってどういう組織であろうとするかを明らかにさせるんですね。入口はそこからですよ。その組織で働く人を大切にする決意がない経営者にはブランディングもへったくれもない。一切何もできません。今後、どういう事業をやっていったとしても同じだと思います。

辻川：たしかに特に介護業界はひどいと思いますね。理念すら利用者のためにしかなくて、先ほど会長がおっしゃったように、「ここで働く職員とはこんなことを一緒に達成したい」「こういうふうに成長ができる」といったことを掲げてない。どんなふうに地域に根差していくのかという具体的なものもなくて抽象的な文面だけになっています。その理念の構築、自分たちの目指す方向性の構築というのは、実際に経営者の棚卸しにもなると思います。まずそこからしっかりつくっていかなければ、本当にブランドなんかつくっていけないし、結局ハード面やサービスを入れたところで仕組みもなければ、人の満足度もなく続かないですよね。

中野：自分たちがどうなるかという先行きがまったくわからない人

たちが、しかも給料のベースが低いという環境の中で働いている人たちが本当に介護対象の人たちに対して良いサービスができるのかと、これって確かにですね。志の高い一部の人にはできる人がいます。自分が犠牲になってもなんとかしてあげたいという人たち。けれどそれは一生涯続きません。どんなに心が豊かで他人に対して貢献したい気持ちがある人でも、物と心の両面で豊かになるってことがない限り生涯その環境を続けていくことは難しいですよ。まして、そういう人は極めてまれというふうに考えなければいけない。多くの人は、自分自身が精神的な充足も物質的な充足もされるということがあって初めて喜びを感じたり仕事に対するモチベーションが上がったりするわけで、基本的に誰かが犠牲になるという仕組みが間違っているんじゃないですか。介護の業界は誰かの犠牲、はっきりいうと社員という働く人たちの犠牲のもとにそのビジネスモデルが成り立っているというように読み取れる。おそらく、ここを突破したところが成功するのだと思いますね。

辻川：そこにポイントがあると思いますが、うちの会社もそうですし、わたしのクライアントさんのところもそうなんですが、逆にモチベーションが低い職員が多いということが実際にはあると思います。すでに業界的に。たとえば10人の小さな事業所にモチベーションの高い人を1人入れたところで結局は低いほうに染まってしまうことがあったりして、なかなか難しいなというのが正直あります。とりあえず最初に職員全体を変えていくことも同時進行で大事なことですが、わたしはそれ以上にトップの人がある程度地域ブランドになることが重要だと思っています。実際にそうした提案をするときがありますが、「ブランド＝目立つ」ことだから嫌だと間違った見方をしている

トップが結構多いですね。

　会長の感じる地域のブランドはたくさんありますよね。たとえばわたしの住んでいる吉祥寺であれば、吉祥寺の名店みたいな居酒屋があったり、全国ではそれほど有名でないけれど吉祥寺のサロンだったらあそこだよねといったところです。全国チェーンに対して地域で勝ち残るような、それが中小企業には重要だと思います。会長から見て地域ブランドとはどういったものなのでしょうか。

中野：結論的に言うと、地域でナンバーワンブランドと認められるもの、ないしは企業あるいは人ということとなると、これは全国ベースであろうと地域ベースであろうと周囲の人々に認められるということだと思いますね。一目置かれるということです。意外と多くの人たちが自分磨きをしていません。アウトスタンディングな状態っていうのが必要だと思いますよ。この領域の専門なんだよね、という人たちはいっぱいいますよね。それは専門なんだよねと言わなくても、医者と言った瞬間にそれって専門家ですよね。介護の世界で働いているという時点でもう専門性で生きている。ところがそう言いながらも、その専門領域を磨き上げた人というのはほとんどいない。

　これは歯科の業界でもそうですが、ブランディングに成功しているところは、特筆すべき特徴を磨いているんですよ。すべてを特化しろとは言いません。たとえば自分があらゆることができますと言うのは、何にもできないと言っているのと一緒で、それは経営者でも同じですよ。自分はなんでもできます、なんでもお客さんのためにできますと言ってしまうのは、結局何もできないのと一緒。そうではなくて、これとこれはどこにも負けないという尖った部分を磨かないとブランディングは効か

ないとわたしは思います。狭くていいんです。本当に１点でもいいからとことん磨いて切れる状態、尖がった状態をつくらないとブランドにはなっていかないと思います。

　ブランディングを行うということは、100人いたら100人が認める世界がブランディングだと多くの人が捉えているとわたしは受け止めていますが、そうではなくて、本当にブランディングされた状態というのはターゲットにした人たちだけには絶対的な信奉者をつくれる状態、つまり100人いたら100人に受け入れられるというのではなくて、100人いたら20人の絶対的な信者がいるという状態をつくるというのがブランディングだとわたしは思っています。100人すべての人に認められる状態をつくるのはまず難しい。無理があります。たとえ可能であったとしても、それでは何にもない無特性になってしまいます。私的に言うと、「あれわかるよ、わかるけど俺嫌い」そう言われるのがブランディングされている状態ですよ。

　要はあの人がこの業界で絶対的だと言う人たちが、世の中100人だとしたときに20人が言えばいい。これが本当の意味でブランディングされている状態です。すべてを取り込もうとか、すべての人に受け入れられようといった瞬間にブランディングの機能って働かなくなります。狭い領域とか一定の限られた領域をとことん磨いてそこでは誰にも負けないというアウトスタンディングをつくっている人やあるいはそうした企業がブランディングされていくのだと思います。いかに尖がるかだと思います。それはすべてじゃなくていい。人間なんだからすべてはできません。そういうところに理念が必要だっていうのは、やっぱりそこがポイントだと思います。自分たちが何者で何をするのかということに対して今いったような状態をつくれるか

どうかだと思います。

辻川：ケーキ屋さんでたとえたら、すべてが美味しいですよということではなくて、「うちはモンブランにこだわっています。モンブランの栗にこだわっていますよ」というような話でいいわけですよね。

中野：「あそこのモンブランは最高なんだよ」と言わせるのが、ブランディングです。「あそこはケーキ屋として最高なんだよ」「何食ったって最高なんだよ」そんなのあるわけがない。実はブランディングってそういうものだってことですよね。

辻川：ブランドをつくっていくためには理念が大事で、理念の中には3つの軸があるということを先ほどうかがって、そこにプラスアルファで理念のもととなったストーリーが大事だと思いました。それをコピペでどんどんどんどんつくっていくのが介護業界かなと思っていて、リッツカールトンのおもてなしが流行ったらクレドをつくったりとか。

中野：そうそうそう、それはだめですね。経営者が自分の言葉で語れないとだめです。取って付けたようなものは、まあまず無理ですね。それは社員と共有化できないし、チームメンバーと共有化なんて絶対にできないです。本当の想いからくるものじゃないと。

辻川：思いを伝えるためには、伝え方も大事だと思います。そこに自分のエピソードとかそれを目指したストーリーというものをプラスアルファしていかなければいけないと思いますね。

中野：まさにそのとおりです。

辻川：しかし、それだとブランド化とずれてしまいますかね。ストーリー戦略になってきますから。

中野：そういうこともあるけれども、ブランドの裏には必ず物語が

引っ付いているんですよね。
辻川：そうですね。きっかけとか創業の思いとかありますからね。
中野：それって背後に流れているもので、物語になっているんですよね。ブランディングされた人や企業の経営者と話しをしていると、この人こういう物語を持っているよね、と強く感じます。ストーリー戦略って言ってしまうとなんかこうウーンというところもありますが、実は理念ってその人の生きざまからくるものなので物語性って絶対あるんですよね。それがなかったら薄っぺらな、取って付けたものでしょうという話になってしまうし、形だけ整えた世界というのは否めない。やはり理念まで昇華したものっていうのはその人の生きざまからくるものに決まっているわけで、突然、何かしてできる話ではないみたいなこともあります。

　とは言いながらも人っていろいろですから、スピードを考えると入り方は両側からいかないとだめだと思います。たとえば自分のそれまでのプロセスの中で物語があってその延長線上にできたんだよというのも王道ですが、そうじゃない人もいます。今まで適当にきてしまったといったような場合です。だけどなんとかしたいという思いがある人もいるわけで、どうするんだといったときにそれは物語から入るのは「理入」ですよね。理から入るということですよね。理屈から入っていく世界で「理入」ってわたしは言いますが、形から入ることも必要だと思います。両側でやらないとスピードが上がらないでしょう。それと「行入」って言いますが、形をつくってその形にはまることも必要だと思います。

　たとえば辻川さんが介護業界でのブランディングの本を書くということ。それって多くの人たちに形を教えるってことが1

つと、理屈を教えるというもう1つの両側から見せるということだと思いますね。人によっては理屈だけで理解してそれを実践していくことによって結果を出せる人もいるし、「理屈はまあいいや、形から入ったら強いんだ」という、形をとことん突き詰めていくというタイプの人もいる。どうせなら両方いっぺんにいったほうがいいのですが。理屈を学んだうえで形を整えてやる「理入」も「行入」もありだろうと。そうすると、今物語がない人が物語をつくろうというアプローチも正しいと思いますね。

辻川：ブラッシュアップしていけば、物語は絶対ありますよね。それを"見える化"してあげる。

中野：そうですね。フォーマットをつくってあげたらできるよねっていう人がいたり、フォーマットがなくても理屈がわかるとできちゃう人がいたり。両側の整備してあげて、つまり両側をサポートしてあげるということだったりですね。

辻川：どんな事業もそうだと思いますが、介護事業というのも地域密着・地域土着でやっていく小さな事業者が多いと思いますね。そうなってくると職員・お客さん、そして地域という3つの軸をしっかりと守りながら、それを目指すうえでの理念をきちんと持ち、そこに対してのストーリーというのを自分たちで"見える化"していく。その中で何か1つに特化したものを見出して磨いていくことで、あとは情報ですね。しっかりとした情報を得ながらやっていくことで、これから介護保険制度の変動の中でも介護事業者は勝ち残っていけるじゃないかなと会長のお話をうかがってより確信を得て勉強になりました。

中野　善夫(なかの　よしお)
PMC株式会社代表取締役会長兼CEO。エグゼクティブコンサルタント。

1955年4月17日生まれ。1978年3月中央大学商学部卒業。1978年4月中野会計事務所入社。1985年11月株式会社マス研設立、代表取締役社長就任。2007年11月PMC株式会社設立、代表取締役会長就任。2011年10月税理士法人中野会計事務所CEO就任。

【プロフィール】
徹底的に現場での個別支援、指導にこだわるコンサルティングスタイルが基本スタンス。一般企業コンサルティング先は573社、歯科医院コンサルティング先は420医院を超えており、クライアントは北海道、東京、神奈川、埼玉、茨城、千葉、新潟、山梨、岡山、山口、福岡、熊本、鹿児島、沖縄等全国にわたる。加えて、自社主催に限らず、他社主催セミナーでの講師を全国各地で、これまで200回以上実施。経営戦略策定コンサルティング・ISOコンサルティング・歯科医療コンサルティングでは日本でトップクラスの実績を持つカリスマコンサルタント。

おわりに

　言葉の表現等の相違はありますが、松下幸之助氏の「今が最善だと思っても、それは今日の最善であり、明日の最善ではない。物事は日々進歩している」という言葉は、介護事業においてとても大切だと感じます。
　利用者の世代によって求められる介護サービスのニーズ、職場を選択する介護職員の考え方、介護保険制度の改正などに柔軟に対応していくのは重要なことです。
　介護事業所を経営されている法人の多くは中小企業です。その中には介護職の現場出身者や、または利益だけでなく何か社会貢献につながる仕事ということで、介護事業を経営するきっかけとなったエピソードを持っている方も多くいます。
　しかし、利用者、求職者にとって、どの介護事業所も同一に見えてしまうことが少なからずあります。同じ介護サービスを提供していても、その介護サービスを提供する理念にはそれぞれの個性や特色があるはずです。その個性、こだわり、想い、使命感を周知していくことの意味や意義、目的と目標を考えていくことが求められてきます。
　事業所の個性を磨き、地域に貢献することが介護事業所のブランディングではないでしょうか？　介護保険制度内の介護事業であっても、その事業に携わる経営者、介護職員には当然、それぞれの得意なことや想いがあります。各地域で想いと使命感を持った介護事業所があることは、高齢社会の日本において明るい社会の基盤になると感じます。
　「介護事業者が個性を発揮し地域のブランドとして認知されること！」そのための一助になればと考え、本書の原稿を書き上げました。
　フリーアナウンサーの町亞聖さん、PMC株式会社の中野善夫会長にはご多忙のなか、対談へのご協力をいただききました。また、株式会社エイチエルおよび株式会社はっぴーライフ役員、社員の協力にも感謝いたします。
　ありがとうございます。

● **著者略歴**

辻川　泰史 (つじかわ　やすし)

株式会社エイチエル代表取締役。株式会社はっぴーライフ代表取締役。一般社団法人日本介護事業コミュニティ協会代表理事。東京都出身。高校3年時よりボランティアを始め、福祉業界に進むことを志す。1996年、日本福祉教育専門学校健康福祉学科に入学し、1998年、同校卒業。卒業後、老人ホーム、在宅介護会社勤務を経て、2002年に有限会社はっぴーライフを設立し代表取締役に就任(2005年に株式会社化)。2008年、株式会社エイチエルを設立し代表取締役に就任。

■ **テレビ出演歴**

テレビ朝日「朝まで生テレビ！」、TBS「みのもんたのサタデーずばッと」、NHK「おはよう日本」、東京MX「東京からはじめよう」、テレビ東京「NewsFine」などに出演。

■ **著書**

『福祉の仕事を人生に活かす！』（中央法規出版）

『10年後を後悔しない20の言葉』（講談社）

『図解 デイサービス開業と経営実践ガイド』（誠文堂新光社）

『これならわかる <スッキリ図解> 介護ビジネス 』（翔泳社）

『人が集まる！喜ばれる！ デイサービスのはじめかた・つづけかた』（秀和システム）

- ●表紙デザイン／梅津幸貴
- ●編集協力／(株)東京コア
- ●本文DTP ／(株)ワイズファクトリー

介護福祉経営士　実行力テキストシリーズ10
成功する「差別化・情報」戦略
ブランディングによる人の集め方・活かし方

2014年7月20日　初版第1刷発行

著　者　辻川　泰史
発行者　林　諄
発行所　株式会社 日本医療企画
　　　　〒101-0033　東京都千代田区神田岩本町4-14
　　　　　　　　　　神田平成ビル
　　　　　　　　　　TEL 03(3256)2861(代表)
　　　　　　　　　　FAX03(3256)2865
　　　　　　　　　　http://www.jmp.co.jp/
印刷所　大日本印刷株式会社

ISBN978-4-86439-268-6 C3034　　©Yasushi Tsujikawa 2014, Printed in Japan
(定価は表紙に表示しています)

「介護福祉経営士」テキストシリーズ　全21巻

総監修
江草安彦（社会福祉法人旭川荘名誉理事長、川崎医療福祉大学名誉学長）
大橋謙策（公益財団法人テクノエイド協会理事長、元・日本社会事業大学学長）
北島政樹（国際医療福祉大学学長）

（50音順）

■基礎編Ⅰ（全6巻）
- 第1巻　介護福祉政策概論 ── 介護保険制度の概要と課題
- 第2巻　介護福祉経営史 ── 介護保険サービス誕生の軌跡
- 第3巻　介護福祉関連法規 ── その概要と重要ポイント
- 第4巻　介護福祉の仕組み ── 職種とサービス提供形態を理解する
- 第5巻　高齢者介護と介護技術の進歩 ── 人、技術、道具、環境の視点から
- 第6巻　介護福祉倫理学 ── 職業人としての倫理観

■基礎編Ⅱ（全4巻）
- 第1巻　医療を知る ── 介護福祉人材が学ぶべきこと
- 第2巻　介護報酬制度／介護報酬請求事務 ── 基礎知識の習得から実践に向けて
- 第3巻　介護福祉産業論 ── 市場競争と参入障壁
- 第4巻　多様化する介護福祉サービス ── 利用者視点への立脚と介護保険外サービスの拡充

■実践編Ⅰ（全4巻）
- 第1巻　介護福祉経営概論 ── 生き残るための経営戦略
- 第2巻　介護福祉コミュニケーション ── ES、CS向上のための会話・対応術
- 第3巻　事務管理／人事・労務管理 ── 求められる意識改革と実践事例
- 第4巻　介護福祉財務会計 ── 強い経営基盤はお金が生み出す

■実践編Ⅱ（全7巻）
- 第1巻　組織構築・運営 ── 良質の介護福祉サービス提供を目指して
- 第2巻　介護福祉マーケティングと経営戦略 ── エリアとニーズのとらえ方
- 第3巻　介護福祉ITシステム ── 効率運営のための実践手引き
- 第4巻　リハビリテーション・マネジメント ── QOL向上のための哲学
- 第5巻　医療・介護福祉連携とチーム介護 ── 全体最適への早道
- 第6巻　介護事故と安全管理 ── その現実と対策
- 第7巻　リーダーシップとメンバーシップ、モチベーション
　　　　── 成功する人材を輩出する現場づくりとその条件